Die Legislaturperiode des Hauses der Abgeordneten

1859 — 1861.

Ein Rechenschaftsbericht.

Besonders abgedruckt aus dem achten Bande der Preußischen Jahrbücher.

Berlin.
Druck und Verlag von Georg Reimer.
1861.

Die Preußischen Jahrbücher,

herausgegeben

von

R. Haym in Halle,

sind als ein Organ der deutsch-nationalen und constitutionellen Partei vor nunmehr vier Jahren gegründet worden. Ihre Aufgabe war und ist, das Leben der Gegenwart nach seinen einflußreichsten Erscheinungen zur Darstellung und Beurtheilung zu bringen. Indem sie eine möglichst weitgreifende, wenn auch vorzugsweise das deutsche Leben berücksichtigende Umschau sowohl auf dem Gebiete der Wissenschaft und Kunst, wie auf dem der practischen Interessen halten, leisten sie etwas ähnliches wie in anderen Ländern die sogenannten Revüen.

Die Hauptform, in der sie dieser Aufgabe zu genügen suchen, ist die Form zusammenfassender Uebersichten.

Die Ereignisse der Tagesgeschichte, die von der Zeitungspresse nicht anders als bruchstückweise mitgetheilt werden können, suchen die Jahrbücher übersichtlich und beurtheilend zu gruppiren. In einer regelmäßigen „Politischen Correspondenz" beleuchten sie namentlich die Entwickelung der inneren und äußeren Verhältnisse Preußens. Sie ergänzen aber diese fortwährend durch Correspondenzen aus den übrigen deutschen Ländern, und sind insbesondere auf eine stehende österreichische und süddeutsche Correspondenz bedacht gewesen. Sie haben endlich wiederholt die allgemeinen europäischen Verhältnisse und die Bewegungen der Weltpolitik in Rundschauen ihren Lesern vorgeführt.

In anderen orientirenden Rechenschaftsberichten sind die Jahrbücher bemüht, den Gang zu zeichnen, den diese oder jene Wissenschaft, den irgend eine practische Bestrebung oder Institution genommen hat. Sie bringen den geistigen und moralischen Fortschritt der Gegenwart zur Anschauung.

Zur Seite dieser unmittelbar auf die Gegenwart bezüglichen Aufsätze und Mittheilungen finden Geschichtsdarstellungen der verschiedensten Art ihren Platz. Am häufigsten lehnen sich derartige Darstellungen an das Leben hervorragender Männer an. Zu den allgemeineren Geschichtsbildern gesellen sich biographische Skizzen.

Um die Zeit zu verstehen, in der wir zu leben und zu handeln berufen sind, erscheinen zuweilen abhandelnde Erörterungen über brennende Fragen unerläßlich.

Im Ganzen jedoch suchen die Jahrbücher nicht sowohl zu erörtern als darzustellen. Sie liefern vor Allem Charakteristiken. Sie wollen Land und Leute, Zustände und Verhältnisse schildern, wollen Richtungen und Epochen, Parteien und Personen charakterisiren.

Nur in diesem Sinne und zu diesen Zwecken knüpfen sie oft auch an neue oder bedeutende Bücher an. Sie wollen keine Recensionsanstalt und kein fortlaufendes Register über den Büchermarkt sein. Ihre Aufsätze sind, auch da, wo sie von literarischen Erscheinungen ausgehn, öfter selbständige Besprechungen des Gegenstandes als Beurtheilung des Buches.

Nicht das Interesse abstracter Gelehrsamkeit ist in den Jahrbüchern vertreten. Dieselben suchen sich vielmehr ganz in den Punkt hineinzustellen, auf welchem die Wissenschaft sich mit dem Leben berührt. Ausgehend von der Ueberzeugung, daß das Wahre populär ist, ohne erst dazu gemacht werden zu müssen, folgen sie dem Beispiele derjenigen Werke, die lediglich durch ihre thatsächliche Haltung, ihre Anschaulichkeit, durch die Einfachheit und Natürlichkeit ihrer Sprache den Beifall der Nation gewonnen haben. Sie wollen die Gelehrsamkeit mit der allgemeinen Bildung vermitteln. Sie wenden sich an das Gemüth und den gesunden Verstand deutscher Nation; sie suchen lebendig und bewegend, ansprechend und verständlich zu reden.

Mit dem Allen geht die Zeitschrift auf lebendige Wirkung aus. Dieselbe hat eine practische Tendenz. Sie will ein Organ nationaler Bildung sein und steht eben deshalb ein für die äußere und innere Wohlfahrt des deutschen Vaterlandes, für dessen Recht, Macht, Ehre, Einigkeit und Selbständigkeit. In Preußen findet sie den berufensten Vertreter dieser Güter. Lediglich diese, von der Mehrheit des deutschen Volkes gegenwärtig getheilte Ueberzeugung dictirte den Namen: Preußische Jahrbücher. Nur um so mehr aber erkennen dieselben die Verpflichtung an, in Preußen dem System constitutionell geordneter Selbstregierung, auf Grundlage der bestehenden Verfassung zu immer vollerem Siege zu verhelfen. Allen Bestrebungen, die auf dieser Bahn rückwärts leiten, die begonnene Entwickelung gewaltsam hemmen oder gewaltsam unterbrechen möchten, werden sie nach wie vor entgegenarbeiten. Ihr Bekenntniß ist das der constitutionellen Partei. Ihr Ehrgeiz ist es, unabhängig von irgend welchen Machteinflüssen, diese Partei zu vertreten und mit ihr jedem erreichbaren, durch das Bedürfniß wirklich gebotenen Fortschritt das Wort zu reden.

Für die Innehaltung und Durchführung dieser Grundsätze bürgt der große mit dem Herausgeber verbundene Kreis von gleichgesinnten Mitarbeitern. Die glänzendsten schriftstellerischen Namen, Männer des anerkanntesten wissenschaftlichen Rufs und der bedeutendsten practischen Stellung, bewährte sowohl wie jüngere Kräfte haben bisher der Zeitschrift ihre Unterstützung geliehen und sie auch für die Zukunft zugesagt.

Jeden Monat erscheint von den Preußischen Jahrbüchern ein Heft von durchschnittlich sieben Bogen. Der Preis eines Bandes von sechs Heften beträgt drei, der des ganzen Jahrgangs sechs Thaler. Bestellungen nehmen alle Buchhandlungen und Postämter an.

Berlin, im September 1861.

Georg Reimer.

Inhalt.

Fast mit der Gründung der Verfassung begannen und bis vor drei Jahren dauerten die Versuche, dieselbe in reactionärem Geiste abzuändern: ein Ausbau der Gesetzgebung auf dem Boden der Verfassung, eine ehrliche und unbefangene Verwaltung nach den Grundsätzen derselben war unter diesen Umständen undenkbar. Der schwache Rest der liberalen Partei, die bei der Feststellung der Verfassung im Januar 1850 vorzugsweise sich betheiligt hatte, konnte nur darauf bedacht sein, das theure, aus stürmischen Tagen gerettete Pfand bis auf bessere Zeiten hindurchzuretten, und es wird in der Geschichte der deutschen Verfassungskämpfe unvergessen bleiben, mit welcher Einsicht, Ausdauer und Zähigkeit sie diese schwere Aufgabe erfüllt hat. Obgleich dieser Kampf lange Zeit hindurch vom Lande wenig beachtet und noch weniger unterstützt wurde, konnte er doch zuletzt nicht verfehlen, die Sympathie desselben zu erwerben; er hat die Erschlaffung allmählich beseitigen helfen, die sich der Gemüther bemächtigt hatte, er hat bei unsern deutschen Brüdern den Glauben an die Verwirklichung des Rechtsstaates in Preußen nicht sinken lassen. Gleichwohl war es ihm nicht beschieden, an's Ziel zu gelangen und den Sturz des von ihm bekämpften Regierungssystems herbeizuführen, das noch Jahre lang sein sieches Leben gefristet hätte, wenn nicht die Initiative zu diesem folgenschweren Act von der Weisheit des Prinz-Regenten ausgegangen wäre, der am 8. November 1858 seinen festen Entschluß dahin aussprach, daß, ohne mit der Vergangenheit zu brechen, die sorgliche und bessernde Hand da angelegt werden solle, wo sich Willkürliches oder gegen die Bedürfnisse der Zeit Laufendes zeige. Und in Wahrheit hat mit dieser Ansprache des Prinz-Regenten an sein Staats-Ministerium eine neue Aera des preußischen Staatslebens begonnen, indem erst von da ab das Volk sich der Segnungen seiner Verfassung bewußt werden und sich ihrer erfreuen, indem es erst von da ab aus eigener Erfahrung einen Maaßstab dafür gewinnen konnte, inwieweit dieselbe der Verbesserung und Fortentwickelung auf den von ihr selbst gelegten Grundlagen bedürftig sei.

Es war eine glückliche Fügung, daß im November 1858 das Mandat desjenigen Hauses der Abgeordneten erloschen war, welches das abgetretene Ministerium bis dahin gestützt hatte, und das Land sich sofort durch Neuwahlen über die Stellung aussprechen konnte, die es dem neuen Ministerium gegenüber zu nehmen entschlossen war.

Allgemein war die Bewegung, die sich der Gemüther bemächtigte. Die in Aussicht gestellte Freiheit der Wahlen führte auch denjenigen Theil der demokratischen Partei, der sich seither des Wählens enthalten hatte, auf den politischen Kampfplatz zurück. „Für mich," schrieb ein hervorragendes Mitglied dieser Partei, „ist die Verfassung in den jüngst verflossenen denkwürdigen Tagen der preußischen Geschichte neu geboren, und ich meinerseits möchte alle früheren Parteigenossen auffordern, fortan aufrichtigen Sinnes in ihren Kreis einzutreten." In allen dem Feudalismus abgeneigten Schichten der bürgerlichen Gesellschaft stellte sich denn auch die politische Richtung des Landes unmittelbar fest. Die entscheidende Stellung, welche die Krone bei der Umgestaltung der öffentlichen Verhältnisse eingenommen, belebte in der Bevölkerung das mit allen ihren Traditionen innig verwachsene Bewußtsein, daß dem Monarchen in unserem Lande die Leitung in allen großen Dingen zukomme und daß der politische Fortschritt niemals gesicherter sei, als wenn er unter dieser Leitung sich vollziehe. Treues Festhalten an der Verfassung in Gesetzgebung und Verwaltung, Ausbau derselben durch die von ihr selbst vorbehaltenen oder sonst durch das praktische Bedürfniß angezeigten Specialgesetze — wurde die allgemeine Losung. Die neun von dem Breslauer Wahlcomité zuerst aufgestellten Forderungen — Sicherstellung der Freiheit der Wahlen, insbesondere durch gesetzliche Feststellung der Wahlbezirke, Umbildung der Provinzial- und Kreisverfassung, der Gemeinde- und Städteordnung im Sinne freierer Selbstverwaltung, Aufhebung der gutsherrlichen Polizei, Beseitigung der bisher bestehenden Befreiungen von der Grundsteuer, Erlaß eines Gesetzes über die Verantwortlichkeit der Minister, Revision des Preßgesetzes gegen die bisherige Anwendung der Gewerbeordnung von 1845, Erlaß eines Unterrichtsgesetzes, Ausführung des Artikels 12 der Verfassung, Revision der Gesetzgebung über die Zulässigkeit des Rechtsweges — diese Forderungen fanden vielseitige Zustimmung. Nicht in dem Sinne, als ob die in Anspruch genommene gesetzgeberische Arbeit im Laufe der bevorstehenden Legislaturperiode nothwendig zu Ende geführt werden müsse, oder als ob die nöthigen Reformen erschöpfend wären bezeichnet worden (war doch z. B. die Herstellung der altpreußischen Gewerbefreiheit, der Erlaß eines die Befugniß der Ober-Rechnungskammer regelnden Gesetzes unerwähnt geblieben), sondern weil im Allgemeinen die Richtung richtig angegeben war, welche die erneute politische Entwickelung von dem nicht erst zu Schaffenden, sondern Gegebenen zu nehmen habe. In demokratischen Kundgebungen wurden zwar die weitergehenden Forderungen dieser Partei, namentlich das allgemeine Wahlrecht betont: es wurde jedoch bereitwillig, und zwar von beiden Seiten anerkannt, daß für die gemeinsame Arbeit ein gewaltiger Stoff vorliege, der für mehrere Legislaturen ausreiche und daß man inzwischen, nachdem man eine gute Strecke Weges zusammen gegangen sei, Gelegenheit finden werde, sich über trennende Gegensätze zu verständigen, um dem Lande den Segen zu erhalten, der ihm aus einem Zusammenwirken der liberalen Parteien erwachsen müsse.

Und die Anzeichen ließen nicht lange auf sich warten, die auch den Blödsichtigsten davon überzeugen mußten, daß ein solches Zusammenwirken unentbehrlich sei. Jede Regierung, auch eine solche, die nicht von der Theilnahme des Volkes getragen wird, treibt mit der Zeit tiefe Wurzeln, sie modelt die Zustände nach ihrem Bilde um, sie zieht eine große Zahl von Personen in ihr Interesse, die in der alten Richtung fortwirken. Die Programme der sogenannten „Conservativen" fielen zwar zahm genug aus. Phrasen vom „wahren Fortschritt," von „muthigem Festhalten des Bestehenden, sofern nicht etwas unzweifelhaft Besseres an die Stelle gesetzt werden könne" gaben zu verstehen, daß die Partei abwarten wollte, was über sie verhängt sei, ohne mit ihren eigentlichen Forderungen hervorzutreten. Die Gegenwirkungen aber, welche die Regierung bei den Wahlen fand, die Kundgebungen, Ansprachen und Wahlschreiben, die von Landräthen und anderen höheren Verwaltungs-Beamten ausgingen, bewiesen deutlich den festen Willen, die Errungenschaften der letzten Jahre nicht leichten Kaufes daran zu geben, sowie die in jenen Kreisen viel verbreitete Ueberzeugung, daß der eingetretene politische Umschwung eine kurze Episode sein und die Reaction den Faden, der ihr im Augenblicke entschlüpft sei, alsbald um so eifriger fortspinnen werde.

Diese Stimmungen und Hoffnungen richteten sich besonders an der in sicherer Aussicht stehenden Opposition des Herrenhauses auf, durch dessen willkürliche, den Beschlüssen der Kammern widersprechende Zusammensetzung das Ministerium Manteuffel eine Institution geschaffen hatte, in der es seine eigenen Grundsätze verewigte, in der es, nach dem eigenen Sturze, statt seiner einen Factor der Gesetzgebung gegen die Wirksamkeit jedes liberalen Nachfolgers Einsprache erheben lassen konnte.

Mit der Freude über die Ernennung des Ministeriums Hohenzollern ging daher die Sorge um dessen Fortbestand Hand in Hand. Die Erinnerung an die schlimmen Zustände, denen man kaum entronnen war, wirkte noch mächtig genug, um bei Allen, die das Ministerium nicht, wie von Einzelnen in Wahrheit geschah, als ein „Uebergangs-Ministerium" betrachteten, der Ansicht Raum zu geben, daß man demselben Zeit gönnen müsse, sich zu befestigen, und vor Allem darauf zu achten habe, die Schwierigkeiten, von denen es umgeben sei, nicht zu steigern, um auf diesem Wege die Hoffnungen der Gegner, welche die Ueberstürzung der Liberalen zu ihrem sichersten Bundesgenossen zählten, gründlich zu vernichten.

In dieser Stimmung wurzelte die Warnung, „nicht zu drängen," die weder von dem Ministerium als Parole ausgegeben, noch auch von der constitutionellen Partei etwa als ein Wahlspruch auf ihre Fahne geschrieben worden ist, die vielmehr zur Zeit einer allgemein getheilten Auffassung der Sachlage Ausdruck gegeben hat. Denn das Land verlangte von seinen Gewählten, daß sie dem Ministerium zur Seite stehen, daß sie dasselbe so lange unterstützen sollten, als es den Verheißungen, die seinen Eintritt in's Amt bezeichneten, treu bleiben oder sich nicht unfähig erweisen werde, sie durchzuführen; die Thatsache der Wahlen von 1858 stellte an die Bruchstücke der früheren Opposition und die ihr gleichgesinnten, die überwiegende Mehrheit des Hauses bildenden Vertreter die kategorische Forderung, zu einer großen und imponirenden Regierungspartei zusammenzutreten. Es darf als eine neue Phase des preußischen Verfassungslebens angesehen werden, daß eine solche Partei mit der Zustimmung des Landes aus freisinnigen und unabhängigen Männern sich bildete, und es ist dadurch der Mehrheit des Hauses eine Aufgabe gestellt worden, die selbst in alten Verfassungsstaaten zu den schwierigsten und dornenvollsten gehört, deren Lösung von Seiten der Vertreter, deren Beurtheilung von Seiten des Volkes daher als ein Prüfstein des Maaßes politischer Reife gelten darf, den das Land erreicht hat.

Eine Regierungspartei ist zunächst nicht mit einer ministeriellen zu verwechseln. Abgesehen, daß eine solche einem mit fremdartigen Elementen gemischten Ministerium gegenüber nicht denkbar war, so sind es nicht die Personen, es ist das Regierungssystem, es sind die Maaßregeln, in denen dasselbe sich kundgiebt, welche die Mehrheit unterstützen soll, sofern sie denselben nach eigener Ueberzeugung ihre Zustimmung ertheilen kann. Ueber diese Stellung hat der Graf Schwerin in einer Wahlrede am 22. November 1858 sich dahin ausgesprochen, daß das gegenwärtige Ministerium unter seinen Mitgliedern Männer zähle, mit denen er zehn Jahre lang den parlamentarischen Kampf Seite an Seite gestritten, daß sie, wenn auch nun auf anderem Standpunkte stehend, wenn auch vielleicht mit einer durch diesen Standpunkt bedingten und gerechtfertigten noch größeren Rücksichtsnahme auf die Verhältnisse, doch stets in demselben Sinne, nach derselben Richtung hin wirken werden. „Ich darf hoffen," fährt er fort, „mich auch in Zukunft wesentlich in Uebereinstimmung mit ihnen zu befinden und somit die Maaßnahmen des Ministeriums unterstützen zu können; dessenungeachtet kann ich mich nicht für einen absolut ministeriellen Abgeordneten erklären. Auch dem gegenwärtigen Ministerium gegenüber kann ich die Stellung nicht aufgeben, nach eigener, gewissenhafter und, wie ich hoffe, leidenschaftsloser Prüfung mich für dasjenige zu entscheiden, was ich dem Interesse des Vaterlandes entsprechend erachte."

Die Stellung einer unabhängigen, über die Mehrheit gebietenden Regierungspartei ist darum so schwierig, weil sie, obgleich den Entschließungen des Ministeriums fernstehend, gleichwohl durch ihr Votum den Gang der Regierung mit zu bestimmen berufen ist und hierdurch eine Art von Verantwortlichkeit für dieselbe übernimmt. Sie wird, um diese Aufgabe zu lösen, gewiß nicht das volle Maaß der Rücksichten nehmen dürfen, an welche die Regierung gebunden ist, — denn sie hat in erster Linie die Rechte und die Interessen des Volkes zu vertreten; aber sie hat sich vor Allem bei jedem Schritte zu fragen, ob sie, wenn sie an der Stelle der Regierung stände, die von ihr gefaßten Beschlüsse, nach Lage der Umstände, zum Wohle des Landes auszuführen im Stande wäre; sie darf, wenn und so lange ihr der Fortbestand des Ministeriums am Herzen liegt, die Rücksicht auf unüberwindliche Schwierigkeiten, die sich der Regierung in den Weg stellen, nicht außer Acht lassen; sie darf auf die Ausführung wünschenswerther Maaßregeln einstweilen verzichten, sie darf Abschlagszahlungen annehmen, — und doch bei alle dem niemals die Richtung aus dem Auge verlieren, auf die der Compaß ihrer politischen Ueberzeugungen unabänderlich hinweist.

Es versteht sich von selbst, daß eine aus unabhängigen Männern bestehende Regierungspartei auch darein ihren Beruf zu setzen hat, daß sie die Regierung warnt und ihr entschieden entgegentritt, wenn sie dieselbe auf einem Abwege begriffen glaubt. Freilich werden ihre Arbeiten wesentlich erleichtert und gefördert, wenn die Regierung ihrerseits einen festen Curs steuert — eine Forderung, deren sich leider die Majorität des Hauses in der abgelaufenen Sitzungsperiode nicht immer und zwar in wesentlichen Punkten nicht zu erfreuen gehabt. Ein so langer Stillstand, ja, eine theilweise Rückbildung der Gesetzgebung, wie sie unter dem abgetretenen Ministerium stattgefunden hatte, ließ ein planvolles Vorgehen bei der Vorlage neuer Gesetzentwürfe, eine nach bestimmten Zielen vorschreitende productive Thätigkeit erwarten, die auf manchen Gebieten, z. B. in der Gewerbe-, Landgemeinde- und Städteordnung, schmerzlich vermißt wurde. Die ungleichartige Zusammensetzung des Gesammt-Ministeriums, die provisorische Verwaltung des Ministeriums des Innern während der ersten Sitzung des Hauses, die Ueberhäufung der Ressorts mit laufenden Arbeiten mögen diese Erscheinung, wenn auch nicht in ausreichendem Maaße, erklären. Diesen Schwankungen und Zögerungen gegenüber hat das Haus nicht nachgelassen zu drängen und zu mahnen; sowohl bei der Berathung von Gesetzen und Petitionen, als auch durch selbständige Anträge hat es diejenigen Materien wiederholt und dringend zur Sprache gebracht, die einer gesetzlichen Regelung unabweislich bedürfen. Der lebendigere Fluß, in den die Gesetzgebung im Laufe der Sitzungsperiode gekommen, ist daher gutentheils ein Verdienst der constitutionellen Mehrheit des Hauses.

Der Widerstand des Herrenhauses, der den Ertrag dieser Bestrebungen in so hohem Grade geschmälert hat, ist während der zweiten Sitzung in vertraulicher Weise der Gegenstand eingehender Berathungen geworden, bei denen die Zusammensetzung des anderen Hauses und der Zweifel, ob dieselbe verfassungsmäßig erfolgt sei, in erster Linie zur Erörterung kommen mußte. Gerade die Berufung derjenigen Elemente desselben, welche die feudalen Traditionen um jeden Preis festhalten und einer lebendigen Rechtsentwicklung Preußens am trotzigsten entgegentreten, werden von jenem Zweifel getroffen, und es lag nahe, durch eine hierauf gerichtete Resolution den Rechtsbestand des Herrenhauses in Frage zu stellen. In der Debatte wurde nicht allein das Für und Wider der Rechtsgründe gegen einander abgewogen, man machte sich auch die möglichen Folgen eines derartigen Schrittes nach allen Seiten hin klar und gelangte zu dem Ergebniß, auf einem Gebiete, das dem Bereiche der königlichen Prärogative angehöre, die Initiative der Krone abzuwarten. Seitdem ist der Regierungsantritt des Königs erfolgt, der, wie Viele meinten, einen Umschwung in der politischen Stellung eines Theiles der Mitglieder des Herrenhauses hervorrufen werde; die Ernennung von fünfundzwanzig neuen Mitgliedern hat die liberale Minderheit vermehrt, ohne die Mehrheit zu brechen. Gleichwohl hat ein großer Act der Gesetzgebung, die Regulirung der Grundsteuer, durchgeführt werden können; das Haus der Abgeordneten sah überdies die Staatsregierung entschlossen, auf dem eingeschlagenen Wege nicht still zu stehen und konnte daher seinerseits für jetzt unterlassen, die ihm zu Gebote stehenden Formen der Intervention — die Fassung einer Resolution oder den Erlaß einer Adresse an den König — in Anwendung zu bringen. Neue Maaßregeln stehen bevor; das nächste Jahr wird die Abgeordneten über den Erfolg derselben belehren. Sollte derselbe ausbleiben, sollte die Hemmung der Gesetzgebung in einer für die theuersten Interessen des Landes schädlichen Weise fortwähren, so wird die Volksvertretung die zur Zeit zweckmäßigsten und wirksamsten Mittel der Abhülfe zu finden haben.

In der Behandlung der Beamtenfrage hat sich eine Meinungsverschiedenheit zwischen der Regierung und der constitutionellen Partei herausgestellt, die sich durch die Verhandlungen des zweiten und dritten Jahres der Legislaturperiode hindurchzieht. Von der einen Seite die Forderung, daß diejenigen höheren Verwaltungsbeamten, welche ihren abweichenden politischen Ansichten, im Widerspruch mit dem System und den Intentionen der Regierung, eine Einwirkung auf ihre Amtshandlungen gestatten, aus ihrem Amte entfernt werden; von der anderen Seite die Entgegnung, die Regierung müsse, bis zum Beweise des Gegentheils, von jedem Beamten voraussetzen, daß ihm die Berufstreue und die Beamtenpflicht höher stehe, als sein etwaiger politischer Parteistandpunkt; das Urtheil darüber jedoch, ob ein solcher Zwiespalt zwischen der Beamtenpflicht und der Geltendmachung politischer Ansichten eingetreten, behalte sich die Regierung im vollen Bewußtsein ihrer Verantwortlichkeit gegen die Krone vor. Wir wollen nicht abermals auf die Verwechslung politischer und strafrechtlicher Momente zurückkommen, die in dieser Auffassung der Regierung hervortritt, wir wollen vielmehr nur dem Bedauern Worte geben, daß einer Angelegenheit, die sich im Grunde jeder theoretischen Erörterung entzieht, weil sie im einzelnen Falle nur von dem Tact und der Entschlossenheit des praktischen Staatsmanns glücklich erledigt werden kann, ein so breiter Raum in den parlamentarischen Verhandlungen hat eingeräumt werden müssen, daß namentlich die offenkundige Nothwendigkeit einer Reorganisation des Berliner Polizei-Präsidiums, welche das Haus schon in der ersten Budgetberathung hervorgehoben hatte, durch halbe und unzutreffende Maaßregeln zwar anerkannt wurde, gleichwohl aber der entscheidende Schritt ausblieb, der endlich doch unter den ungünstigsten Verhältnissen geschehen ist. So kam es, daß die „Polizeifrage" allmählich zu Dimensionen anwachsen konnte, die in der Natur der Sache nicht gegeben waren, daß constitutionelle Bedenken, wie der Eingriff der Vertretung in die Executive eingemischt wurden, zu denen keine Veranlassung vorlag, und daß schließlich die Stellung der Partei zur Regierung erschwert, die öffentliche Stimmung aber durch die Art und Weise, wie diese Frage von Seiten der Regierung behandelt wurde, mehr als durch irgend einen andern Anlaß verbittert worden ist.

Die constitutionelle Partei hat nicht verkannt, daß ein Zeitpunkt eintreten könne, in welchem die zwischen ihr und dem Ministerium obwaltenden Differenzen zu einer solchen Höhe sich steigerten, daß sie ihre bisherige Stellung aufgeben und in die Opposition treten müsse: aber nach ihrer gewissenhaften Ueberzeugung ist dieser Zeitpunkt zum Heile des Vaterlandes *nicht eingetreten*. Es wäre vermessen, wenn man behaupten wollte, daß die Partei sowohl im Annehmen wie im Verwerfen, im Nachgeben wie im Vorwärtsdrängen überall das richtige Maaß getroffen habe. Sie darf sich aber das Zeugniß geben, daß sie ihre Beschlüsse nach reiflicher und gewissenhafter Erwägung, Niemandem zu Liebe oder zu Leide, gefaßt und in der öffentlichen Debatte dem Lande ausreichenden Anhalt gegeben hat, über ihre Motive zu urtheilen, daß es gewiß kein Mitglied der Partei giebt, das nicht bei einem oder dem anderen Anlaß lieb gewordene Meinungen und Ueberzeugungen Demjenigen geopfert hat, was es im gegebenen Moment dem Wohle des Ganzen für ersprießlicher erachten mußte, als die Durchführung solcher Meinungen; sie darf auf die Partei-Verhandlungen dreier Jahre als auf eine ununterbrochene, strenge und selbstverleugnende Pflichtübung zurückblicken und darf es sich endlich als ein Verdienst anrechnen, daß sie der in manchen Augenblicken gewiß gerechtfertigten Verstimmung, welche die öffentliche Meinung herabdrückte, nicht nachgegeben und so ein Resultat der Verhandlungen herbeigeführt hat, durch welches die Einigkeit der Volksvertretung und der Regierung, die eine so wesentliche Vorbedingung für die Machtstellung Preußens ist, hat erhalten werden können. Die Festigkeit, mit der das Ministerium den Feudalen entgegengetreten ist, welche die Ableistung des Huldigungseides als ein ihnen zustehendes Recht verlangten, um den von dem Landtag geleisteten Eid in den Hintergrund zu schieben und die ständische Monarchie mit vollem Glanze in Scene zu setzen, die unbeirrte Haltung der Regierung nach jenem wahnsinnigen Attentat, das zur Verdächtigung der nationalen Strömung so willkommene Veranlassung darbot, der glänzende Ausfall der Berliner Turnfeier — alle diese und ähnliche Erfahrungen der letzten Monate haben die Vorwürfe, die beim Schlusse des Landtags auf das Haus der Abgeordneten gehäuft wurden, zum Theil wieder verstummen machen, und man darf die Vermuthung aussprechen, daß die große Mehrheit des Volkes die Aufrechthaltung jener Einigkeit billigt und sie als den einzig möglichen Ausgangspunkt für eine glücklichere und lebhaftere Fortbildung unsrer Zustände betrachtet.

Nichts destoweniger hat diese, der Staatsregierung gegenüber eingehaltene Politik der constitutionellen Partei eine Anzahl von Abgeordneten, die bis dahin in allen wesentlichen Punkten mit der liberalen Gesammtpartei übereingestimmt hatten, veranlaßt, aus derselben auszuscheiden und eine „entschieden liberale Partei“ zu bilden. Das hauptsächlich von dieser Fraction ausgegangene Wahlprogramm liefert den Beweis, daß die von ihr aufgestellten Forderungen im Wesentlichen keine andern sind, als diejenigen, welche die constitutionelle Partei, seitdem sie im Vereinigten Landtag sich zuerst parlamentarisch zusammengefunden hatte, unter aller Ungunst der Verhältnisse aufrecht erhalten hat und niemals aufgeben kann, ohne sich selbst untreu zu werden. Und in der That liegt die Differenz, soweit dieselbe sich bis jetzt übersehen läßt, viel weniger in den Zwecken, sie liegt in der Verschiedenartigkeit der Mittel, die zur Erreichung des Zweckes in Anwendung kommen sollen. Eine allzu sanguinische Auffassung der Sachlage, die das Gewicht der unsere verfassungsmäßige Entwickelung hemmenden Gegenwirkungen unterschätzt, fühlt sich durch Rücksichten beengt, die sie für unberechtigt hält, und will, ohne jemals zu pactiren, unbekümmert um den nächsten Erfolg, ihre politischen Ueberzeugungen zur Geltung bringen, wobei sie nicht selten die Machtbefugniß des Hauses der Abgeordneten, das doch nur Ein Factor der Gesetzgebung ist, zu hoch veranschlagt. Wir erinnern an das Verhalten eines großen Theils jener Mitglieder in der Abstimmung über die Grundsteuer. War es gerechtfertigt, um einzelner gerechtfertigter Bedenken willen einer Maaßregel von so großer Bedeutung entgegenzutreten, die freilich nur durch einen Compromiß der Parteien und der Interessen endlich zum Abschluß gelangen konnte? War es gerechtfertigt, das ganze Extraordinarium des Militäretats zu streichen, um die Regierung zur Einwilligung in die zweijährige Dienstzeit zu nöthigen, während selbst bei der Annahme derselben zugestandenermaaßen nur Ein Drittheil jenes Etats wäre erspart worden? Und wenn neuerdings empfohlen wird, die Zusammensetzung des Herrenhauses als ungesetzlich und somit alle seit neun Jahren erlassenen Gesetze als nicht zu Recht bestehend zu erklären, stellt ein derartiges Heilmittel nicht verderblichere Wirkungen als die Krankheit in Aussicht?

So lange diese Tactik in der Minderheit bleibt, ist sie freilich unschädlich; sollte sie aber jemals die Mehrheit im Hause der Abgeordneten gewinnen, so wird sich zeigen, daß sie das Land von dem ersehnten Ziele, das sie im Schnellschritt erreichen will, weit abführt.

Die Geschichte der Verfassungskämpfe, insbesondere bei den romanischen Völkern, führt den unwiderleglichen Beweis, daß die dem Rechtsstaate widerstrebenden Elemente, wenn sie im Sturme besiegt und niedergeworfen werden, eben hierdurch die Kraft gewinnen, sich immer von Neuem zu erheben; dort lösen Revolution und Reaction unaufhörlich einander ab. Nur indem man das feindliche Gebiet schrittweise erkämpft und jeden Schritt eroberten Landes von Neuem befestigt, wird — und dies ist der Punkt, auf den es ankommt — die Möglichkeit rückläufiger Bewegungen abgeschnitten und ein dauerhafter Fortschritt gewonnen.

Der Einwand: die europäische Constellation und die vielleicht schon morgen an uns herantretende Aufgabe, in dieselbe mit dem Aufgebot unserer ganzen Kraft einzugreifen, lege Preußen die Verpflichtung auf, seinen Verfassungsbau unverweilt zu vollenden, um in voller Rüstung nach

Außen hin dazustehen — dieser Einwand trifft über das Ziel hinaus, obgleich er eine beherzigenswerthe Wahrheit in sich schließt. Grundbedingungen der politischen Existenz, deren eine, die gleiche Besteuerung von Grund und Boden, die abgelaufene Session geschaffen hat, fehlen uns noch, für deren Gewinnung wir uns nicht auf die nachwachsenden Geschlechter vertrösten dürfen. Auch fällt der Ausgang unseres Verfassungslebens in die Zeit einer Bewegung, die den Welttheil durchzittert, und deren rückwärts gehende Strömung dasselbe nicht minder als die vorwärts drängende beeinflußt hat, und man muß anerkennen, daß jeder Verfassungskampf in unserer Zeit neben seiner localen Natur eine europäische Bedeutung hat. Hierin liegt freilich die Mahnung, die grundlegenden Institutionen unserer Verfassung in möglichst kurzer Frist abzuschließen, um durch diesen Abschluß einen Vorsprung zu gewinnen, der in der Zeit einer Krisis den Sieg an unsere Fahne fesselt; aber wir würden diese Mahnung mißverstehen, wenn wir über dem Abschluß des Baues die Dauerhaftigkeit desselben beeinträchtigen wollten. Auch ist es ein politischer Fehler, die gegenwärtigen Entschließungen nach einer Vermuthung über die zukünftige Gestaltung der Dinge zu bemessen. Und wenn uns die Stunde der Entscheidung schlagen sollte, noch bevor die Aufgaben gelöst sind, welche die Unfertigkeit unserer inneren Zustände an uns stellt, so liegt vielleicht darin der Fingerzeig, daß der endliche Abschluß des preußischen Verfassungswerkes erst dann erfolgen wird, wenn Preußen den deutschen Bundesstaat aufgerichtet und hierdurch Deutschland als Großmacht in die entsprechende europäische Machtstellung getreten sein wird.

Bei den mannichfachen Berührungspunkten, welche die liberalen Parteien mit einander gemein haben, bei der wesentlich gleichartigen Natur der beiderseitigen Interessen ist eine Verständigung derselben noch heute ebenso geboten wie im Jahre 1858; niemals aber darf der hervorgetretene Gegensatz in eine feindselige Spannung ausarten. Insbesondere ist Eines vom Uebel und muß sorgfältig ferngehalten werden — die Unsitte nämlich, daß man die in der gesammten Welt- und Lebensanschauung wurzelnden Verschiedenheiten der politischen Auffassung moralisch verdächtigt, daß man Entschiedenheit und Willenskraft nur in der rücksichtslosen Verwirklichung politischer Grundsätze zu finden glaubt, während diese Wahrzeichen des Charakters mindestens in demselben Maaße in der Selbstverleugnung zur Erscheinung kommen, die der augenblicklichen Strömung der öffentlichen Meinung widerstreben zu müssen glaubt.

Die Ergebnisse der Session sind so ertraglos nicht, als in tendenziöser Weise von ihnen behauptet wird. Die nachfolgende Darstellung macht den Versuch, sie zu skizziren. Nicht erschöpfend will sie die weitverzweigte

Thätigkeit des Hauses zur Anschauung bringen; sie begnügt sich vielmehr, den Hauptinhalt der hervorragendsten Verhandlungen zusammenzufassen, und vermeidet absichtlich ein weiteres Eingehn in die Mannichfaltigkeit des Details, um das öffentliche Urtheil nicht mehr zu verwirren als aufzuklären.

I. Staatshaushalt und Steuergesetzgebung.

Der Anführung der auf Ersparnisse bei dem Staatshaushalt gerichteten Beschlüsse des Abgeordnetenhauses bedarf es nicht. Nur im Allgemeinen mag erwähnt werden, daß das Haus die strenge Anwendung der für die Feststellung des Budgets gültigen constitutionellen Grundsätze ebenso wenig, als das Streben nach klarer Uebersichtlichkeit des Staatshaushalts vernachlässigt hat. Die lang vermißte Umgestaltung des Etats für das Eisenbahnwesen ist im letzten Sitzungsjahre vollzogen.

Die der Landesvertretung verfassungsmäßig zustehenden Rechte in Betreff der Feststellung des Staatshaushalts und der Controlle über die Einhaltung der genehmigten Etats seitens der Staatsverwaltung werden dadurch geschmälert, daß es noch immer an dem im Art. 104 der Verfassung verheißenen besondern Gesetz über die Einrichtung und Befugniß der Ober-Rechnungskammer fehlt, und daß außerdem die Feststellung des Budgets durch die Landesvertretung erst gegen Ablauf der ersten Hälfte des Jahres möglich ist. Letzteres steht im Widerspruch mit dem Art. 99 der Verfassung, welcher verlangt, daß die Einnahmen und Ausgaben des Staats für jedes Jahr im Voraus veranschlagt und auf den Etat gebracht werden. Der hiernach obwaltende Zwiespalt zwischen dem verfassungsmäßigen und dem thatsächlichen Zustande hat das Abgeordnetenhaus veranlaßt, in der Sitzung von 1860 in einem Beschlusse die Erwartung auszusprechen, daß die Staatsregierung das Erforderliche veranlassen werde, damit künftighin die Einnahmen und Ausgaben des Staats nur auf Grund eines durch die Landesvertretung für das Etatsjahr bereits verfassungsmäßig genehmigten Staatshaushalts-Etats bewirkt werden. Die Staatsregierung hat der kundgegebenen Erwartung im März dieses Jahres entsprochen, indem sie einen Gesetzentwurf, betreffend die Ergänzung des Art. 99 der Verfassung, einbrachte. Indessen stieß diese Vorlage, da sie nicht sowohl eine Erfüllung des Art. 99, als eine Legalisirung des zur Zeit bestehenden Verfahrens enthielt, schon bei den Berathungen in der Commission auf soviel Widerspruch, daß sie nicht mehr erledigt werden konnte. — Noch dringlicher hat das Abgeordnetenhaus den Erlaß des Gesetzes, betreffend die Einrichtung und die Befugniß der Ober=Rechnungskammer, in jedem Jahre durch einen förmlichen Beschluß gefordert. Im Jahre 1859 wurde die Erwartung ausgesprochen, daß die Staatsregierung in der nächsten Session der Landesvertretung den betreffenden Gesetzentwurf vorlegen werde. Im folgenden Jahre wurde dieselbe Aufforderung wiederholt, und im letzten Jahre die Vorlage noch für die laufende Session von der Regierung begehrt. In der That ist die Umgestaltung der Einrichtung und die Festsetzung der Befugnisse der Ober-Rechnungskammer eine der ersten Forderungen, welche sich aus dem Eintritt der constitutionellen Staatsform ergeben. Wenn das Abgeordnetenhaus sich der Initiative in dieser Hinsicht bisher enthalten hat, so geschah dies nur, weil offenkundig war, daß die Staatsregierung die ernstlichsten Vorbereitungen getroffen hatte, in der letzten Sitzung den Gesetzentwurf einzubringen, und eine Kreuzung der Arbeiten der Regierung durch die Landesvertretung nur zum Nachtheil der Sache selbst ausschlagen konnte. Außerdem darf nicht übersehen werden, daß beide Gegenstände wegen ihrer in alle Zweige der Staatsverwaltung tief eingreifenden Bedeutung der Natur der Sache nach der Initiative der Regierung vorbehalten bleiben müssen. Der Pflicht, die Regierung an die Erfüllung ihrer Verbindlichkeit zu mahnen und immer dringender zu mahnen, hat die letzte Legislatur, wie gezeigt, vollständig Genüge geleistet.

Auf dem Gebiete der Steuergesetzgebung ist die endliche Regelung der Grundsteuer unbestreitbar das wichtigste Ergebniß der abgelaufenen Legislaturperiode. Um die Bedeutung dieses Werkes nicht zu unterschätzen, muß man sich erinnern, daß das Ziel, welches nun erreicht ist, seit funfzig Jahren in feierlicher Form proclamirt und schon damals als eine Nothwendigkeit für die Entwickelung des preußischen Staates erkannt war. Der Verlauf der Zwischenzeit hatte Belege genug für die Richtigkeit dieser Erklärung gebracht. In der Verfassung war der Grundsatz der Gleichheit in der Tragung öffentlicher Lasten von Neuem bestätigt, und die Revision der bestehenden Steuergesetzgebung erwiesenermaaßen mit besonderer Rücksicht auf die Grundsteuer vorgeschrieben. Durch das Gesetz vom 24. Februar 1850 waren die Befreiungen und Bevorzugungen in Betreff der Grundsteuer geradezu aufgehoben. Gleichwohl bestanden sie fort. Die großen und kleinen Staaten Europas und Deutschlands hatten fast ohne Ausnahme die in ähnlicher Weise überall dem Ende des achtzehnten und dem Anfange des neunzehnten Jahrhunderts zugefallene Aufgabe gelöst. Nur Preußen, das gerade auf die Energie des inneren staatlichen Lebens vorzugsweise angewiesene Preußen, war nicht im Stande, das immer unerläßlicher werdende Werk zu vollbringen. Einige Jahre nach dem Erlaß des Gesetzes vom 24. Februar 1850 versuchte zwar die damalige Regierung, die auf dem Papiere schon aufgehobenen Exemtionen in Wirklichkeit zu beseitigen und zugleich die städtischen Grundsteuern der östlichen Provinzen zu regeln. Seitdem der Versuch aber an dem Widerstreben der Gegner jeder Grundsteuer-Reform gescheitert war, ließ sie die Eximirten in Ruhe, indem sie sich und das Land damit tröstete, daß der Ertrag der Durchführung des Gesetzes in finanzieller Hinsicht nur gering sein könne. Da aber wiederum einige Jahre später der Staatshaushalt neuer Einnahmequellen bedurfte, so entwickelte sich jener Plan der Erhöhung der Salzpreise, der Steigerung der Gewerbesteuer, der besonderen Besteuerung der Actiengesellschaften, in Verbindung mit der alleinigen Einführung der Gebäudesteuer, — und selbst dieses Bruchstück der Grundsteuerregelung wurde von den eigenen Anhängern der damaligen Regierung verworfen: denn es wäre doch immer ein erster Schritt zur weiteren Grundsteuerregulirung gewesen! Die damalige Staatsregierung hatte von Neuem förmlich anerkannt, daß die „gegenwärtige Lage der Grundsteuergesetzgebung ein wesentliches Gebrechen unseres Steuersystems, und die Beseitigung dieses Zustandes sowohl aus politischen, als aus finanziellen Gründen dringend zu wünschen sei." Gleichwohl hatte man sich von der Erreichung des Zieles immer mehr entfernt, für die Gegenwart jede Hoffnung auf eine Vermittelung der streitenden Anschauungen und Interessen aufgegeben, und war bei dem Troste angekommen, daß vielleicht die Zukunft eine klarere Erkenntniß über die eigentliche Bedeutung der Frage und über die Mittel zu ihrer Lösung bringen werde. — Das waren die Fortschritte, welche die Grundsteuerfrage in Preußen gemacht hatte vom Jahre 1810 bis zum Jahre 1857. — Und was noch schlimmer ist, die Regierung von 1857 hatte im Wesentlichen nicht Unrecht: der Streit über die Natur der Grundsteuer, über die Frage, ob überhaupt von einer Ausgleichung derselben die Rede sein könne, hatte bei den entgegengesetzten materiellen Interessen der Provinzen und Landestheile den Charakter eines politischen Kampfes verloren. Die Reihen der liberalen Partei, welche durch die Wahlen von 1858 die Majorität erhielt, drohten sich anfangs aufzulösen, wenn es einer Entscheidung über die Grundsteuerfrage gelten sollte.

Es war die Arbeit der abgelaufenen Legislaturperiode, der Erkenntniß von der unabweisbaren Nothwendigkeit der Heilung eines Schadens, welcher je länger je tiefer an der Kraft des preußischen Staates zehrte, den Sieg zu verschaffen über die weit auseinander gehenden Meinungen von dem besten Heilmittel und über das Widerstreben gegen die unvermeidlichen Opfer, ohne welche nun einmal keine Heilung denkbar war. Es kam in der That hauptsächlich nur darauf an, die politische Bedeutung der Grundsteuer-Reform für die Zukunft Preußens deutlich zu erkennen, und es genügt hier, daran zu erinnern, daß zunächst der alte Haber der Provinzen über die Ungleichheit ihrer Steuerlast unter allen Umständen geschlichtet werden mußte. Mit dem bloßen Ableugnen der behaupteten Ueberbürdung einiger gegenüber der Bevorzugung anderer Provinzen war nicht mehr auszukommen; dieses Mittel, die Entscheidung zu vertagen, war verbraucht. Das Material zum Beweise der vorhandenen Ungleichheit war zu stark, die sich immer mehr verbitternde Stimmung der westlichen Provinzen über die ihnen versagte Gerechtigkeit zu sehr zur persönlichen Mißstimmung jedes Einzelnen geworden, als daß der Versuch, den Streit in Vergessenheit zu bringen, der Versuch, das, was in helles Licht gestellt war, wieder in Dunkel zu hüllen, mit irgend welcher Aussicht auf Erfolg hätte unternommen werden können. Die geforderte Ausgleichung schlechthin zu versagen, hieß die Gerechtigkeit verweigern und die Entfremdung gegen den preußischen Staat in jenen dem Staate zuletzt zugekommenen Provinzen als eine berechtigte legalisiren. Einem solchen Verfahren zustimmen konnten diejenigen nicht, welche den Beruf Preußens in dem Wachsthum seiner Stärke suchen, und der Wahrheit eingedenk sind, daß nur ein in sich einiger Körper Anziehungs- und Widerstandskraft nach Außen hat.

In den östlichen Provinzen handelte es sich zunächst um die Ausführung der gesetzlich bereits ausgesprochenen Aufhebung der Grundsteuerprivilegien, deren Fortbestehen nicht nur einen offenen Widerspruch zwischen dem thatsächlichen Zustande und dem gültigen Rechte bekundete, und dadurch ein Zeugniß der Ohnmacht Derer wurde, welche dem Rechte die Herrschaft über die thatsächlichen Verhältnisse zu verschaffen berufen waren, sondern auch dem gedeihlichen Ausbau der Verfassung, namentlich der Gemeindegesetzgebung hindernd im Wege stand und — wenn man sich der Zeiten unruhiger Bewegung des Staatslebens erinnerte — als eine besorgliche Quelle innerer Zwietracht erschien.

Ebenso wenig konnte die völlige Unhaltbarkeit der städtischen wie der ländlichen Grundsteuerverhältnisse in den östlichen Provinzen verkannt werden. Die Vertheilung des städtischen Services unter nahe an vierhundert Städte nach dem Maaßstabe der Größe derselben vor funfzig Jahren war im Verlaufe der Zeit zur schreienden Ungerechtigkeit geworden; nicht wenige Städte wurden durch das Fortbestehen dieser Abgabe hart bedrückt, einzelne fast ruinirt, wie die Regierung und frühere Landesvertretungen anerkannt hatten. Ihre beständigen Klagen mußten dennoch abgewiesen werden, so lange sich die Gesetzgebung nicht zur Reform der Grundsteuer ermannen konnte. Es war unmöglich, wie die frühere Regierung schon erkannte, die Regelung des Serviswesens allein ohne gleichzeitige Regelung der Grundsteuern für die nicht dem Servisverbande angehörigen Städte der östlichen Provinzen durchzuführen, und es würde eine entschiedene Ueberbürdung der Städte gewesen sein, hätte man, wozu sich die aristokratischen Gegner der Grundsteuer-Reform viel geneigter zeigten, die Gebäudesteuer allein ohne die Grundsteuer von den Liegenschaften einführen wollen. Die erstere steht in untrennbarem Zusammenhange mit der letzteren; wie in den Städten die Häuser, so sind auf dem Lande die Feldmarken die Hauptsache; und umgekehrt, wie auf dem Lande die Häuser, so sind bei den Städten die Feldmarken die Nebensache.

Führte so schon dies einfache Gebot der Gerechtigkeit zu der Erkenntniß von der Nothwendigkeit der Grundsteuer-Reform, so erschien dieselbe zugleich als ein dringendes Bedürfniß für die Fortbildung des Steuersystems und für eine geordnete Finanzverwaltung des Staates, sowie für die vielleicht in wenig civilisirten Staaten der Regelung mehr entbehrenden Communalsteuern. Der chaotische Zustand der zum Theil mehr als hundert Jahre alten Kataster, in denen für manche Landestheile nicht eine einzige Zahl mehr zutrifft, und längst verschwundene Objecte noch mit Steuern belegt sind, machte schon die Einziehung der unverändert gebliebenen Staatsgrundsteuer in vielen Fällen gar nicht oder nur mit gewaltsamer Anpassung der veralteten Veranlagungsgrundsätze auf die gänzlich veränderten Verhältnisse möglich. Noch weniger konnte von einer gerechten Ausschreibung der billigerweise den Grundbesitz treffenden Antheile an Provinzial-, Kreis- und Communallasten auf Grund jener Kataster die Rede sein. Daher stammte die viel beklagte übertriebene Belastung der Klassen- und Einkommensteuer durch Zuschläge für solche Zwecke, bei denen die Grundsteuer der Kreisangesessenen der Natur der Sache nach vorzugsweise heranzuziehen gewesen wäre. Daher stammen die höchst unvollkommen improvisirten Maaßstäbe zur Vertheilung der auf den Grundbesitz zu legenden Steuerbeiträge, zu denen die Kreise bald in dieser, bald in jener Form greifen mußten, weil es an einer sachgemäßen Grundsteuerveranlagung fehlte, und die doch wieder unanwendbar wurden, sobald es sich um eine für mehrere Kreise oder gar für die Provinz gemeinsame Angelegenheit handelte. Ein solcher ungeordneter Zustand des Steuerwesens ist mit jeder gesunden Entwickelung communaler Selbständigkeit unverträglich. Die Grundsteuer-Reform wird ihn beseitigen und eine der wesentlichsten Bedingungen der Erweiterung communaler Selbstregierung, die dem Namen nach auch von den Gegnern der Grundsteuer erstrebt wird, die Möglichkeit angemessener Selbstbesteuerung der Communen und Kreise, in's Leben rufen. Die liberale Majorität hat deshalb in Erkenntniß der staatlichen Nothwendigkeit der Maaßregel die Grundsteuervorlage angenommen, nicht als ein Vertrauensvotum für das derzeitige Ministerium, sondern im Vertrauen darauf, daß es nicht der Beruf des preußischen Staates sei, das Schauspiel lähmenden Zwiespalts zwischen den Provinzen, zwischen den Gesetzen und deren Ausführung, zwischen den unerläßlichen

Anforderungen modernen Staatslebens und einem untauglich gewordenen Ueberreste der Vergangenheit noch länger den deutschen und europäischen Nachbarstaaten vorzuführen. Hätte sich die liberale Majorität, wie dies von der am weitesten fortgeschrittenen liberalen Minorität, freilich nicht ohne Ausnahmen, geschah, gegen das Ganze der Grundsteuer-Reform erklären wollen, weil der Eine über diesen, der Andere über jenen Punkt eine entschieden abweichende Meinung hegte, so würden wir auch heute noch auf jenem Standpunkte wie 1857 uns befinden, wo nichts übrig zu bleiben schien, als die Hoffnung auf fortschreitende Erkenntniß über die eigentliche Bedeutung der Frage und auf Abklärung der Anschauungen von den zur Lösung derselben führenden Wegen.

In der Novelle zum Gewerbesteuergesetze ist ein zweites wichtiges Finanzgesetz während der letzten Session zu Stande gekommen. Von den oben schon erwähnten Finanzplänen des Jahres 1857 war nur ein Bruchstück, die besondere Besteuerung der Actiengesellschaften, damals wirklich in das Leben getreten. Die vielfachen Klagen, welche die Anwendung dieses Gesetzes hervorrief, wurden im Jahre 1859 Gegenstand der Verhandlungen im Abgeordnetenhause, welches die Petitionen wegen Abschaffung des Gesetzes der Staatsregierung zur Berücksichtigung überwies, und zugleich der Erwartung Ausdruck gab, daß die Revision des Gewerbesteuergesetzes bald erfolgen werde. Die Vorlage des Gesetzes, welches in beiden Beziehungen dem Verlangen des Hauses genügen sollte, erfolgte schon in der zweiten Session und, nach nochmaliger Vernehmung der Behörden sowie des Handelsstandes über die bei den Vorberathungen hervorgetretenen Differenzen, wiederholt im letzten Winter. Durch dieses am 19. Juli d. J. publicirte Gesetz wird nicht nur die grundsatzwidrige besondere Besteuerung der Actiengesellschaften beseitigt, sondern zugleich das in seinen Grundlagen bewährte Gewerbesteuergesetz mit der seit den letzten vierzig Jahren eingetretenen Umgestaltung der gewerblichen Entwickelung des Landes wieder in Einklang versetzt. Der Charakter der eingeführten Aenderungen ist auch hier das Streben nach gleichmäßiger Vertheilung der Steuerlast gewesen. Weit entfernt, wie von Seiten der feudalen Partei der liberalen Majorität so oft vorgeworfen ist, das Capital in ungerechter Art zu begünstigen, erhöht das Gesetz gerade die Gewerbesteuer von den in bedeutendem Umfange betriebenen Handels- und Fabrikgeschäften und von der Dampfschiffahrt, daneben auch die Steuer von der Gast- und Schankwirthschaft und von dem Hausirgewerbe, während die Gewerbesteuer der Weber und Wirker, der Segelschiffer, der Vermiether möblirter Zimmer, der Fleischer und vieler anderer Handwerker beträchtlich ermäßigt wird. Durch die Beschlüsse des Abgeordnetenhauses ist die von der Regierung vorgeschlagene Steuerermäßigung für die Segelschiffer noch erhöht, andererseits die den

Handel treffende Steuererhöhung auf die wirklich bedeutenden Geschäfte eingeschränkt, und dem mittleren Handelsstande das Recht der Selbsteinschätzung zum Zwecke der Steuervertheilung, auf welches derselbe mit Grund so großen Werth legt, erhalten geblieben.

In Betreff der dritten directen Steuer, der Klassen- und klassificirten Einkommensteuer, stand eine Umgestaltung des Gesetzes nicht in Frage. Wohl aber hat die Handhabung dieses Gesetzes vielfach zu Klagen Veranlassung gegeben. Das Abgeordnetenhaus hat die Beschwerden über ungerechtfertigtes Hinaufschrauben der Klassen- und Einkommensteuersätze in mehreren Sitzungen einer ausführlichen Erörterung unterzogen und ist den im Lande verbreiteten Klagen gegen die einseitig von den Provinzialbehörden vorgenommenen Steuererhöhungen gerecht geworden durch Ueberweisung der bezüglichen Beschwerden zur Berücksichtigung an die Staatsregierung, welche in Folge dessen die nöthige Abhülfe zu schaffen sich bemüht hat. Ein in der Session von 1860 von der Regierung vorgelegter Gesetz-Entwurf, wegen Aenderung der Stempelsteuer für Wechsel, wurde von dem Abgeordnetenhause verworfen, weil derselbe durch Ausdehnung der Stempelpflichtigkeit auf die Wechsel von weniger als funfzig Thaler Betrag zu einer Belastung des Wechselverkehrs der minder bemittelten Volksklassen geführt haben würde. Die Erleichterung des Wechselverkehrs durch Einführung der Stempelmarken ist der Regierung dringend empfohlen; der Erfolg wird sich in der nächsten Session zeigen.

II. Zollgesetzgebung und Handelsverträge.

Belangreiche Verbesserungen erfuhren unsere Finanzeinrichtungen auf dem Gebiete der Zollgesetzgebung, größtentheils nicht ohne daß die Anregung dazu von der constitutionellen Partei des Abgeordnetenhauses ausging.

Dringend wurde namentlich schon in den Jahren 1859 und 1860 bei mehreren Veranlassungen die Aufhebung der Durchgangsabgaben und der denselben verwandten Rhein- und Elbzölle empfohlen. Es sind demgemäß auch vom 1. März 1861 ab, mit segensreichem Erfolge für den Aufschwung eines ungehemmten Transportbetriebes und Handelsverkehres, alle Durchgangsabgaben und die deren Stelle vertretenden Ausgangsabgaben für den ganzen Umfang des Zollvereins aufgehoben worden; die auf der wichtigen Wasserstraße des Rheinstroms die Schiffahrt bedrückenden Zollabgaben, deren völlige Beseitigung den Anträgen der preußischen Regierung nicht gelang, konnten wenigstens bedeutend ermäßigt werden. Leider war dies Resultat in Ansehung der Elbschiffahrt bei dem Widerstande Hannovers und anderer nicht zum Zollvereine gehöriger Uferstaaten, welche sich aus den Elbzöllen bereichern, nicht zu erwirken. Es bleibt jedoch fortdauernd die Aufgabe des Abgeordnetenhauses, in der Erstrebung dieses Zieles die Staatsregierung zu unterstützen und die Macht der öffentlichen Meinung gegen jenes einen bedeutenden Bruchtheil des deutschen Volkes tief verletzende, eigennützige Verfahren der gedachten Staatsregierungen anzurufen.

In Beziehung auf die für das Zollvereinsgebiet bestehenden verderblich hohen Eingangsabgaben hat die liberale Partei in großer Majorität bereitwillig zu den ihr vorgeschlagenen Abänderungen des Tarifs ihre Zustimmung gegeben, und zu solchen weiteren Ermäßigungen desselben nach Kräften angeregt, welche geeignet waren, entweder dem Verbrauche oder dem Gewerbsbetriebe des Inlandes irgend eine Erleichterung zu gewähren. Leider war auch jede dieser Ermäßigungen den dabei interessirten Regierungen nur mühsam abzuringen, und es sind daher viele dahin zielende Anträge unserer Staatsregierung an dem Widerspruche der übrigen Staaten des Zollvereins gescheitert.

Zu dem in dieser Beziehung während der letzten Legislaturperiode Erreichten gehört die völlige Aufhebung der Eingangsabgaben von Zinn, Asphalt, Bergtheer, Cement, Eis und von künstlichen Düngungsmitteln; sowie eine bedeutende Ermäßigung der früheren Eingangsabgaben von Oel, Talg, eisernen Röhren für Gas- und Wasserleitungen, Guttapercha und Gummiplatten, Stahlfedern, gegerbten Ziegen- und Schaffellen und mehreren minder bedeutenden Gegenständen, sowie besonders auch von fremdem Zucker und Syrop. Rücksichtlich der beiden letzten Gegenstände lag auch nicht blos die Ermäßigung des Eingangszolles, dessen Höhe die Concurrenz des fremden Productes von dem einheimischen Markte ausschloß, sondern auch die Eröffnung des auswärtigen Marktes für das einheimische Product in den Forderungen naturgemäßer Handelsfreiheit. Ebenso wie dem inländischen Consumenten im Einkauf seiner Bedürfnißgegenstände, mußte auch dem inländischen Gewerbsmanne im Verkauf seiner Waare ein durch Zoll- und Steuerschranken möglichst unbehindertes Verhältniß zu Theil werden. In dieser Beziehung schloß sich der Herabsetzung der Eingangszölle vom ausländischen Zucker die Gewährung eines, wenn auch nicht vollständigen, Ersatzes der von dem inländischen Producte erhobenen Consumtionssteuer bei dessen Ausfuhr in das Ausland als wichtiger Fortschritt an.

Auch der sardinische Handelsvertrag ferner, der während dieser Legislaturperiode zur Berathung und Genehmigung kam, und mit dem 1. Januar 1860 in Kraft getreten ist, hat, gegen das unbedenkliche Zugeständniß bedeutend ermäßigter Eingangsabgaben für sardinische und nunmehr für italienische Seide, die noch mehr im Interesse des Zollvereins liegende Gegenleistung erreicht, daß die längst erstrebte Gleichstellung diesseitiger Sprite bei der Ausfuhr nach Italien mit den bis dahin ausnehmend begünstigten französischen und österreichischen Branntweinen erfolgt ist.

Ein mit der Republik Paraguay abgeschlossener Handelsvertrag hat die schon in früheren Jahren durch Preußens Vermittelung begründeten Handelsverbindungen des Zollvereins mit Uruguay und der Argentinischen Conföderation auch auf jenen im Stromgebiete des La Plata gelegenen Staat erweitert, dessen Ausfuhr an Thee, Tabak, Thierhäuten u. dergl. mit der Zeit für unseren Verkehr bedeutsam werden kann.

Von dem Grundsatze geleitet, den Verkehr von Zollschranken und anderen finanziellen Hemmnissen möglichst zu befreien, worauf alle die erwähnten Maaßregeln abzielen, ist das Haus endlich, namentlich in der Beantwortung der diesjährigen Thronrede, auch dem mit Frankreich in Aussicht stehenden Handelsvertrage schon im Voraus entgegen gekommen. Denn das Zustandekommen dieses Vertrages verspricht dem Zollvereine nicht nur die Vortheile eines erweiterten Waarenaustausches mit Frankreich, sondern wird auch nothwendig von durchgreifenden Aenderungen in unserem Zolltarif überhaupt begleitet sein, die für die fernere Entwickelung unserer Verkehrsverhältnisse nicht ohne wohlthätige Wirkung sein können.

III. Verkehrswege.

Rücksichtlich der Eisenbahnanlagen folgte das Haus der Ansicht, daß die Eröffnung neuer großartiger Wege des Handelsverkehrs für die innigere Verbindung mit dem übrigen Deutschland und für den Wohlstand der Bevölkerung von zu wohlthätiger Wirkung sei, um eine Unterstützung derselben durch den Credit des Staates nicht als eine wirthschaftlich vortheilhafte Benutzung desselben erscheinen zu lassen; — vorausgesetzt nur, daß dabei einmal eine richtige Folgeordnung der dringendern vor den minder wichtigen Unternehmungen in Acht genommen und zweitens ein bestimmtes vor Ueberbürdung schützendes Maaß beobachtet wird. Neben den Rücksichten auf den Verkehr gebietet in unserer Zeit zugleich das Vertheidigungssystem des Staates die Errichtung von Eisenbahnanlagen an den Meeresküsten, wie an den Landesgrenzen, selbst auf Kosten des Staates, wo Privatkräfte dazu nicht die Hand reichen. Diese wie jene Rücksichten können jedoch in der Regel nur vom Standpunkte der Staatsregierung vollständig erwogen und richtig beurtheilt werden. Auch bei gewissenhaftem Eingehen auf die Prüfung der für eine projectirte neue

Eisenbahnverbindung sprechenden mercantilischen, militärischen und politischen Gründe haben wir daher keine Veranlassung gefunden, den von der Regierung in dieser Beziehung gemachten Vorschlägen, durch welche das preußische und deutsche Eisenbahnnetz eine erhebliche Vervollständigung erfahren hat, entgegen zu treten.

Anders verhielt sich jedoch das Haus zu den zahlreich an dasselbe gelangten Eisenbahnprojecten, deren Ausführung durch Petitionen oder einzelne Abgeordnete beantragt und für welche nicht blos eine Concession, sondern die Unterstützung durch den Staatscredit oder der Bau auf Staatsrechnung gefordert wurde. Da es für die Abgeordneten unmöglich ist, alle in den verschiedenen Theilen des Staatsgebietes gewünschten Bahnanlagen zu kennen und sie nach dem Grade ihrer größern oder geringern Wichtigkeit gegen einander abzuwägen, würde das Haus durch jede Befürwortung irgend einer von diesen Bauunternehmungen in die Gefahr gerathen sein, andere noch dringendere in den Hintergrund zu rücken. Mit doppeltem Grunde brachten wir daher gegen diese Anträge den alten bewährten Grundsatz zur Anwendung, daß den Vertretern des Volkes überhaupt nicht gezieme, Ausgaben oder sonstige Belastungen des Staates zu befürworten, deren Bewilligung nicht von der Regierung gefordert sei.

Ueberhaupt kann, bei noch so hoher Schätzung des Werthes von erweiterten Eisenbahnverbindungen, nicht in dem Maaße eine Verwendung der Kraft des Staates für diesen Zweck gewünscht werden, daß diese von der Erstrebung anderer nicht minder beachtenswerther Zielpunkte dadurch zu sehr abgelenkt wird. Diese Bedeutung haben namentlich so bedeutende Wasserstraßen, wie der fast seiner ganzen Länge nach dem preußischen Staate angehörige Oderstrom, da natürliche Wasserstraßen vor den Schienenwegen immer den Vorzug der größeren Wohlfeilheit der Uebertragung voraus haben. Mit steigender Dringlichkeit sind daher auch die von Jahr zu Jahr wiederholten Anträge auf kräftigern Betrieb der Regulirung dieses für den Handelsverkehr von drei Provinzen so überaus wichtigen Wasserweges der Staatsregierung zur Berücksichtigung empfohlen, und wenigstens soviel ist dadurch erreicht worden, daß die auf das Unternehmen zu verwendenden Mittel etwa um die Hälfte verdoppelt sind.

Um überhaupt die Wohlthat eines wohlfeileren Transportes dem Verkehre in höherem Maaße zuzuwenden, hat das Haus der Abgeordneten mehrfach eine Ermäßigung der Eisenbahntarife, namentlich bei den Staatsbahnen und besonders rücksichtlich des Kohlentransportes dringend befürwortet, sowie es eine Revision der Eisenbahngesetzgebung in Anregung gebracht hat. Denn gewiß liegt es nicht nur im volkswirthschaftlichen, sondern auch im wohlverstandenen Finanzinteresse aller und vorzüglich der Eisenbahnverwaltungen des Staates, einen erhöhten Ertrag von der Frequenz in der Benutzung und nicht von hohen Tariffätzen zu erwarten.

IV. Beseitigung von Beschränkungen in Bezug auf Gewerbe und Verkehr.

Das lebhafteste Interesse und eine fortgesetzt andauernde Arbeit einer größern Zahl von Mitgliedern des Abgeordnetenhauses nahm ferner in den drei Sessionen der vergangenen Legislaturperiode die Befreiung der Gewerbe von den ihre fortschreitende Entwickelung fesselnden Beschränkungen in Anspruch.

Abgesehen von der in Preußen von Alters hergebrachten Freizügigkeit, gestattete die Gesetzgebung der Jahre 1807—1811 Freiheit der Niederlassung und des Erwerbes allen Gliedern des Staatsverbandes, den wohlhabenden wie den ärmeren. Gleichzeitig wurden im inneren organischen Zusammenhange mit der Aufhebung der Leibeigenschaft und Unterthänigkeit, mit der freien Verfügung über das Grundeigenthum, mit der freien Ansiedlung und Familiengründung, im größten Theile der Monarchie schon damals die Zünfte, wie die ausschließlichen Gewerbs- und Real-Berechtigungen, letztere gegen Entschädigung, aufgehoben. So hatte bereits die Gesetzgebung von 1810 die volle Gewerbefreiheit hergestellt. Im merkwürdigen Gegensatz zur freiheitlichen Bewegung des Jahres 1848 erlag jedoch die Gewerbefreiheit der anfangs octroyirten, später von den Kammern genehmigten Verordnung vom 9. Februar 1849 über die Errichtung von Gewerberäthen und über verschiedene Abänderungen der Gewerbeordnung vom 17. Januar 1845, sei es aus Tendenzpolitik, sei es aus Nachgiebigkeit der damaligen Regierung gegen das Andrängen der Handwerksmeister im vermeintlichen Interesse des handwerksmäßigen Gewerbebetriebes. Indem diese Verordnung von 1849 bei einigen funfzig Handwerken Prüfungszwang für Lehrlinge, Gesellen und Meister und im Zusammenhange damit eine Abgrenzung der einzelnen Arbeitsgebiete dieser Handwerke einführte, ging sie wiederum auch weit hinter die Bestimmungen der Gewerbeordnung von 1845 zurück und griff auf die empfindlichste Weise in die seit länger als vierzig Jahren bestehende Gewerbefreiheit ein, unter der sich Preußens industrielle und gewerbliche Entwickelung zu hoher Blüthe und einer auch den außerdeutschen Ländern ebenbürtigen Macht emporgehoben hatte. Insbesondere sollte die Verordnung von 1849 auch den Zuzug und die Naturalisation ausländischer Gewerbtreibender möglichst verhindern, womit sie aber auch den Zufluß von Intelligenz und Capital erschwerte. Man hatte vergessen, daß die politische Macht des Staates auf seiner volkswirthschaftlichen Kraft und daß diese, wie es die preußische Gesetzgebung von 1806 und 1808 erkannt und ausgesprochen hatte, auf einer möglichst freien Entwickelung und Anwendung der moralischen und physischen Fähigkeiten und Kräfte aller einzelnen Mitglieder des Staatsverbandes beruht.

So lange sich während der früheren Legislaturperiode vor 1858 die wenigen liberalen Mitglieder in einer verschwindenden Minorität befunden hatten, konnten sie nur daran denken, die wirthschaftliche und bürgerliche Freiheit bei Gelegenheit einzelner Petitionen gegen die polizeilichen Maaßregelungen des Ministeriums Manteuffel-Westphalen und gegen dessen sophistische Auslegung von Verfassung und Gesetz zu vertheidigen, durch welche man damals (wie z. B. durch die Versagung oder Entziehung von Gewerbsconcessionen) auf die Stimmen von Urwählern und Wahlmännern einzuwirken und die politische Unabhängigkeit der Staatsbürger zu untergraben suchte.

Eine weitere Aufgabe aber auf diesem Gebiete war die Beseitigung der Verordnung von 1849. Es kam darauf an, das Gewerbewesen wiederum auf die bewährten und gesunden volkswirthschaftlichen Grundlagen der Gesetzgebung von 1810 und 1811 zurückzuführen, und namentlich auch das gewerbliche Concessionssystem, diesen mißbräuchlichen Hebel landes- und ortspolizeilicher Einwirkung auf die politische Freiheit der Bürger, im Sinne der Ausbildung des Rechtsstaates, auf sein richtiges Maaß zu beschränken.

Von diesem umfassenderen Standpunkt aus wurde von einer Anzahl Abgeordneter im Jahre 1860 der Entwurf eines Gesetzes, betreffend die Ergänzung und Abänderung der allgemeinen Gewerbeordnung von 1845, sowie die Aufhebung der Verordnung vom 9. Februar 1849, sodann in der dritten Sitzung der vollständige Entwurf eines Gewerbegesetzes in das Abgeordnetenhaus eingebracht. Es darf als die entscheidende Wirkung jener Arbeiten betrachtet werden, daß durch sie die legislatorische Thätigkeit der Staatsregierung in gleicher Richtung einen neuen Antrieb erhielt. Denn dieselbe legte hierauf im Jahre 1861 dem Landtage zwei sehr wichtige Gesetzentwürfe vor.

Der eine, betreffend die Errichtung von gewerblichen Anlagen, bei welchen steuer-, gesundheits- und andere polizeiliche und öffentliche Interessen wahrzunehmen sind, verbessert die früheren Bestimmungen durch Beschleunigung und Vereinfachung des Verfahrens und sichert die bei dergleichen neuen Gewerbsanlagen collidirenden Privatrechte und allgemeinen gesellschaftlichen Interessen. Derselbe ist unter'm 1. Juli 1861 als Gesetz publicirt. Der andere enthält verschiedene sehr erhebliche Verbesserungen der allgemeinen Gewerbeordnung vom 17. Januar 1845. So namentlich Bestimmungen wegen Beschränkung des polizeilichen Concessionswesens, auch wegen angemessener Regelung des Verfahrens bei Entziehung von Gewerbsbefugnissen, ferner aber den wichtigen Grundsatz, daß mit Beseitigung der in der Verordnung von 1849, im vermeintlichen Interesse inländischer Handwerker, eingeführten Einschränkungen der Niederlassung und Naturalisation von Ausländern, fortan und zwar ohne Rücksicht auf Gegenseitigkeit, jedem Ausländer der Gewerbebetrieb innerhalb der preußischen Staaten gestattet werde. Die Regierung selber war zu der Ueberzeugung gelangt, daß die Aufhebung des Reciprocitätsprincips auch den Interessen der Unterthanen nur förderlich sei. Darf doch auch die Hoffnung daran geknüpft werden, daß das Princip gegenseitiger, zunächst wenigstens gewerblicher Freizügigkeit in der Gesetzgebung der übrigen Staaten des deutschen Bundes, jedenfalls doch des Zollvereinsgebietes, Nachfolge finden und durch deren gemeinsame Gesetzgebung zu allgemeiner Geltung gelangen werde. Auch diesen zweiten Entwurf (publicirt am 22. Juni 1861) begrüßte das Haus als den ersten Anfang der unabweislichen Reform unserer gewerblichen Gesetzgebung. Durch denselben sind unter anderen, weniger wichtigen Gewerbebeschäftigungen, Schlosser, Zimmervermiether u. s. w., insbesondere aber die Agenturgewerbe für inländische und ausländische Unternehmer, sowie für Versicherungsgesellschaften jeder Art vom Concessionszwange befreit. Hinsichtlich der juristischen Personen des Auslandes, welche ein stehendes Gewerbe in Preußen betreiben wollen, ebenso hinsichtlich der Zulassung ausländischer Unternehmer von Versicherungsanstalten trat die Verschiedenheit der deutschen Landesgesetze einer Abänderung der bisherigen Bestimmungen hindernd in den Weg. Auch hier ist zu erwarten, daß eine gemeinsame deutsche Gesetzgebung gleichartige Bedingungen festsetze, unter denen Actiengesellschaften und besonders Versicherungsanstalten anzuerkennen und den staatlichen, wie den Privatinteressen verantwortlich sind.

Hinsichtlich der Versicherungen aller Art, also auch der Lebens- und Feuer-Versicherungsgesellschaften für Mobilien und Immobilien war schon durch eine neuere Verordnung vom 2. Juli 1859 bestimmt, daß eine Erörterung der Bedürfnißfrage bei der Concessionirung derselben nicht mehr eintreten solle, sowie auch auswärtigen Gesellschaften für die Versicherung von Mobilien der freie Geschäftsbetrieb im Inlande eröffnet wurde. Dagegen ist zur Zeit die Versicherung von Immobilien noch durch die Rücksicht auf einige öffentliche (Provinzial-) Gesellschaften und den denselben zustehenden Versicherungszwang beschränkt. Das Abgeordnetenhaus empfahl indeß auch die Aufhebung dieses letzteren, soweit ein solcher, besonders im Interesse provinzieller oder städtischer Verbände, noch besteht, wie die Zulassung auswärtiger Feuer-Versicherungsgesellschaften auch zur Versicherung von Immobilien. Es hat sich demnächst die Regierung bereit erklärt, dieser Aufforderung zu genügen, was allerdings nur theils durch Verhandlungen mit den betreffenden Societäten, theils im Wege der Gesetzgebung wird geschehen können.

Im Hinblick auf die vielen jährlich vorkommenden Beschwerden über Entziehung oder Verweigerung der Concession zum Schankgewerbe, besonders zum Kleinhandel mit Getränken als Nebengewerbe, beschränkte sich das Abgeordnetenhaus vorerst auf den Antrag, daß die dieserhalb bestehenden Vorschriften einer Revision unterworfen würden. In Folge dessen hat die Staatsregierung neuerlichst eine entsprechende Circularverfügung zu dem Ende erlassen, um die geltenden Beschränkungen möglichst auf ihren ursprünglichen Zweck zurückzuführen, und man muß hierbei anerkennen, daß eine von gerechten und liberalen Grundsätzen ausgehende Verwaltung in vielen Beziehungen auf die günstige Reform und glückliche Entwickelung der gewerblichen, wie anderer Zustände des Landes, keinen geringeren Einfluß ausübt, als die Gesetzgebung.

Durch die beiden oben gedachten Gesetzentwürfe der Regierung war ein nicht unwesentlicher Theil derjenigen Bestimmungen, welche sich in den aus der Mitte des Hauses hervorgegangenen Gewerbegesetzentwürfen vorfanden, berücksichtigt und erledigt, zugleich war aber auch namentlich der während der letzten Session eingebrachte Entwurf in vielen seiner einzelnen Bestimmungen durchkreuzt worden. Man mußte daher zu dem Beschluß kommen, von der im Wege der Initiative des Hauses zu bewirkenden formellen Redaction einer vollständigen, die ganze Materie umfassenden Gewerbegesetzgebung vorerst Abstand zu nehmen. Für eine solche blieb, abgesehen von einigen anderen Beschränkungen auch der Gewerbeordnung von 1845, vorzüglich das ganze Gebiet des handwerksmäßigen Gewerbebetriebes nebst den die Gewerbefreiheit beschränkenden Bestimmungen der Verordnung von 1849 übrig. Demzufolge kam es zunächst darauf an, durch die Debatte und Abstimmung im Abgeordnetenhause über die wichtigsten Principien der Gewerbefreiheit und ihre Anwendung auf die bestehenden Verhältnisse, die Meinung der Volksvertretung klar zu stellen, dadurch eine sichere Grundlage und die Ausgangspunkte für eine weitere Reform der Gewerbegesetzgebung zu gewinnen, und dieselben sodann der Staatsregierung gegenüber geltend zu machen. Wie hätte wohl auch darauf gerechnet werden können, daß ein auf dem Grunde der Gewerbefreiheit vom Abgeordnetenhause ausgearbeiteter Entwurf, zumal noch nach dem 8. Mai, die Zustimmung des Herrenhauses erlangt haben würde, des Herrenhauses, in welchem vielmehr eine kurz zuvor überreichte Petition des sogenannten Landes-Handwerkertages mit ihren noch über die Verordnung von 1849 zurückgehenden Wünschen und Anträgen eine so große Sympathie und Anerkennung gefunden hatte? Die Debatte wie die namentliche Abstimmung des Abgeordnetenhauses am 8. Mai hat demnächst ergeben, daß die von der katholischen Fraction unterstützten Feudalen für die unbedingte Aufrechthaltung der Verordnung von 1849 einstanden, während dagegen alle Schattirungen der großen liberalen Partei des Landes bei den Fragen der wirthschaftlichen und bürgerlichen Freiheit auch im Abgeordnetenhause Hand in Hand gingen.

Die eingehende, gründliche Berathung aller die Gewerbegesetzgebung, insbesondere den handwerksmäßigen Gewerbebetrieb betreffenden wichtigen principiellen Fragen, sowohl in der Commission, wie im Plenum des Hauses, führte aber zu der mit überwiegender Majorität beschlossenen Resolution, durch deren Anwendung und weitere Ausführung in der Gesetzgebung die volle Gewerbefreiheit wiederhergestellt werden wird, ohne daß die bestehenden Innungen aufgehoben werden müßten, soweit sie nur nicht den Charakter und die Bedeutung öffentlicher Institutionen und dabei Beschränkungen der Freiheit der Arbeit und Erwerbsthätigkeit ihrer Mitbürger in Anspruch nehmen.

Es kann keinem Zweifel unterliegen, daß diese vom Abgeordnetenhause beschlossene Resolution*) den gemeinsamen Ausgangspunkt aller

---

*) Diese Resolution lautet:

Das Haus der Abgeordneten wolle beschließen:

den von den Abgeordneten Müller (Demmin), Reichenheim und Genossen eingereichten Entwurf eines Gewerbe-Gesetzes, Drucksachen Nr. 20., dem Königlichen Staats-Ministerium mit der Erwartung zu überweisen, daß dasselbe eine Revision der die Gewerbe-Verhältnisse betreffenden Gesetzgebung, namentlich der allgemeinen Gewerbe-Ordnung vom 17. Januar 1845 und der Verordnung vom 9. Februar 1849, betreffend die Errichtung von Gewerberäthen rc. (Gesetz-Sammlung Seite 93.), nebst hierzu ergangenen Gesetzen vom 3. April 1854 (Gesetz-Sammlung Seite 138.), 15. Mai 1854 (Gesetz-Sammlung Seite 263.), und 7. Mai 1856 (Gesetz-Sammlung Seite 507.) einleiten werde, insoweit eine solche Revision nicht bereits durch die unter Nr. 100. der Drucksachen pro 1861 vorgelegten beiden Gesetz-Entwürfe stattgefunden hat, — demnächst aber und jedenfalls in der nächsten Sitzung, den beiden Häusern des Landtags zur verfassungsmäßigen Beschlußnahme einen weiteren Gesetz-Entwurf vorlege, welcher unter Abänderung, beziehungsweise Aufhebung der entgegenstehenden Bestimmungen der bestehenden Gesetze, von folgenden Grundsätzen ausgeht:

I. In Betreff des handwerksmäßigen Gewerbebetriebes:

1) die durch die Verordnung vom 9. Februar 1849 (Gesetz-Sammlung Nr. 3102.) eingeführte Abgrenzung der unter den verschiedenen einzelnen Handwerken begriffenen Verrichtungen, ingleichen jedwede Beschränkung in der gleichzeitigen Ausübung mehrerer Handwerke durch dieselbe Person, ist aufzuheben.
(Vergl. die §§. 28., 29. Verordnung vom 9. Februar 1849, Seite 99. 100. Gesetz-Sammlung.)

2) Der Beginn des selbstständigen Gewerbebetriebes ist unabhängig von einem Befähigungs-Nachweise, insoweit es sich nicht um solche Gewerbsbeschäftigungen handelt, bei deren Ausübung allgemeine gesundheits- oder andere sicherheitspolizeiliche Interessen in Frage stehen. Das Nöthige hierüber bestimmt das Gesetz.
Gleiches gilt von der Befugniß, Lehrlinge zu halten. (Vergl. die §§. 23., 26. Verordnung vom 9. Februar 1849 und §. 131. der Allgemeinen Gewerbe-Ordnung vom 17. Januar 1845.)

3) Jeder, der ein Gewerbe selbstständig betreibt, sowohl ein Bau- wie ein anderer Handwerksmeister, darf bei Ausführung seiner gewerblichen Unterneh-

liberalen Fractionen im Lande, wie im künftigen Abgeordnetenhause für die unausweichliche Reform der preußischen Gewerbegesetzgebung bilden wird. Eine jüngste Circularverfügung des Handelsministers ist hoffentlich als vorbereitende Einleitung hierzu anzusehen.

Auch derjenige, jedenfalls geringere, Theil des Handwerkerstandes, welcher in den Bestimmungen der Verordnung von 1849 einen besondern Segen für sich erblickt, wird nicht nur von dieser aus einem beschränkten Gesichtskreise hervorgegangenen Ansicht zurückkommen: er muß außerdem auch die naheliegende Ueberzeugung gewinnen, daß sein Bündniß mit der feudalen Partei schon deshalb ein unnatürliches und unhaltbares ist, weil beider Interessen entgegengesetzte und sich gegenseitig ausschließende sind. Dies schon deshalb, weil der große Grundbesitzer, wegen der, seit der neueren industriellen Entwickelung der Landwirthschaft, mit den Gutswirthschaften verbundenen Fabriken und dabei nöthigen Maschinen und handwerksmäßigen Gewerbebetriebe, der in seinem Lohn und Brod stehenden, auch unselbständigen und ungeprüften Handwerker, ohne Störung seiner wirthschaftlichen Verhältnisse und ohne Herabdrückung des so ge-

---

mungen und technischen Arbeiten ebensowohl Meister und selbstständige Gewerbetreibende, als Gehülfen, Gesellen und Lehrlinge anderer Handwerke, ohne Einschränkung, beschäftigen.

Ebenso darf jeder Gehülfe und Geselle ohne Beschränkung auch bei Meistern und selbstständigen Gewerbetreibenden anderer Handwerke in Arbeit treten.

Vorstehende Bestimmungen gelten auch hinsichtlich der Fabrik-Inhaber und der Anfertigung von Fabrikaten, wie der Inhaber von Magazinen zum Detail-Verkauf von Handwerker-Waaren.

(Vergl. die §§. 25., 31., 32., 33., 47. Absatz 1., 48. Verordnung vom 9. Februar 1849.)

4) Das Verhältniß zwischen Meistern und Lehrlingen und insbesondere die Dauer der Lehrlingszeit wird durch freie Uebereinkunft regulirt, ohne daß es deshalb einer Aufnahme als Lehrling oder der Einzeichnung der Aufnahme-Bedingungen vor Behörden oder Innungen gesetzlich bedarf.

5) Die Gesellen-Prüfung abzulegen ist Niemand verpflichtet.

Doch sollen Meister- und Gesellen-Prüfungen facultativ gestattet sein.
Die Bestimmung wegen der Dauer der Gesellenzeit tritt außer Kraft.

(Vergl. §. 35. Nr. 2., 3., §§. 44., 36. Verordnung vom 9. Februar 1849. §§. 134., 146., 149. Allgemeine Gewerbe-Ordnung vom 17. Januar 1845.)

II. Die Innungen betreffend.

1) Die Innungen bestehen als gewerbliche Genossenschaften mit corporativen Rechten und Selbstverwaltung, für gemeinsame gewerbliche Zwecke, unter Aufsicht der Communalbehörde, welche sich jedoch darauf beschränkt, daß von denselben nichts gegen die Statuten oder gegen die Gesetze vorgenommen werde. (Vergl. §§. 104., 107., 112., 113. Gewerbe-Ordnung von 1845.)

Eine Beitrittspflicht zu Innungen findet nicht statt; eben so wenig dürfen Innungen zwangsweise auf Grund von Gemeindebeschlüssen gebildet werden. (Vergl. §§. 118., 119. Gewerbe-Ordnung von 1845.)

2) Der Innungs-Verband, wie die Mitgliedschaft bei einer Innung, begründet keinerlei Vorrechte, so wie keinerlei gewerbliche oder sonstige privatrechtliche Beschränkungen von Nichtmitgliedern. (Vergl. §. 131. Gewerbe-Ordnung von 1845. §. 23. Verordnung vom 9. Februar 1849 u. s. w.)

stiegenen Güterwerths nicht mehr entbehren kann. Sicher wird er daher nicht zu Gunsten der zünftigen Handwerker den eigenen Betrieb der verschiedenartigsten Gewerbe auf den Gütern und in Verbindung mit der Landwirthschaft aufgeben. Unzweifelhaft wird auch er es vorziehn, andere Gewerbserzeugnisse da zu kaufen, wo sie bei freier Concurrenz am besten und am wohlfeilsten hergestellt werden. Demgemäß wird der große Grundbesitz nimmermehr die Grundsätze und Folgerungen der Verordnung von 1849 gegen sich selbst gelten lassen. —

Wie mit der Freiheit der Gewerbe die Freiheit der Ansiedlung auf eigenthümlich erworbenem Grundbesitz im nahen Zusammenhange steht, wie die Gesetzgebung, welche die eine wie die andere in Preußen herstellte, derselben Zeit einer inneren Wiedergeburt des Staats angehörte, so war natürlich die Legislatur der Reactionszeit auch gegen die Freiheit der Ansiedlung gerichtet. Ein Gesetz vom 24. Mai 1853 (zur Ergänzung des Gesetzes betreffend die Zerstückelung von Grundstücken und die Gründung neuer Ansiedlungen vom 3. Januar 1845) beseitigt überdies wiederum die den Erwerb kleiner Besitzthümer und die Gründung neuer Ansiedlun-

---

3) Für die Einrichtung neu zu bildender Innungen stellt das Gesetz allgemeine Normativ-Bedingungen auf, unter welchen ihnen Corporationsrechte zustehen.

4) Die zur Zeit gesetzlich bestehenden Innungen behalten die ihnen nach Maßgabe ihrer Statuten zustehenden Rechte, wie ihre Corporationsrechte. Auf dieselben finden die Bestimmungen des §. 95. der Allgem. Gewerbe-Ordnung vom 17. Januar 1845 Anwendung.

5) Als Aufnahme-Bedingung für alle mit corporativen Rechten versehene Innungen ist der Vollbesitz der bürgerlichen Ehrenrechte, nicht aber der Befähigungs-Nachweis gesetzlich obligatorisch. (Vergl. die §§. 108. Absatz 1., 131., 170. Gewerbe-Ordnung von 1845.)

III. Unterstützungs-Kassen betreffend.

Der §. 3. des Gesetzes vom 3. April 1854, wonach den Regierungen die Befugniß zur Errichtung von Sterbe-, Kranken- und anderen Hülfskassen, ingleichen von Anstalten zur Unterbringung oder Unterstützung arbeitsuchender, erkrankter, oder aus anderen Gründen hülfsbedürftiger Gesellen oder Gehülfen, oder zum Zweck der Fortbildung von Lehrlingen, Gesellen oder Gehülfen (§§. 144., 169. der Gewerbe-Ordnung von 1845. §§. 56—58. der Verordnung vom 9. Februar 1849) beigelegt ist, wird aufgehoben.

IV. Die Verhältnisse des Markt-Verkehrs betreffend.

1) Die beschränkenden Bestimmungen des §. 79. der Allgemeinen Gewerbe-Ordnung vom 17. Januar 1845 und des §. 71. der Verordnung vom 9. Februar 1849 (Gesetz-Sammlung Seite 108.), wonach Einrichtungen, nach welchen der Einkauf von Lebensmitteln auf Wochenmärkten einzelnen Klassen von Käufern nicht während der ganzen Dauer des Marktes, sondern nur während einer gewissen Zeit gestattet wird, mit Genehmigung der Regierung entweder fortbestehen oder beziehungsweise an Orten, wo solche noch nicht bestehen, nach Maßgabe des örtlichen Bedürfnisses, eingeführt werden dürfen, sind aufzuheben.

2) Oeffentliche Versteigerungen neuer Handwerker-Waaren sind unter Aufhebung der Bestimmung des §. 69. der Verordnung vom 9. Februar 1849 zu gestatten.

3) Die Bestimmung wegen Beibehaltung oder Einführung polizeilicher Brod-Taxen wird aufgehoben. (Vergl. §. 89. Gewerbe-Ordnung von 1845.)

gen erleichternden Bestimmungen des Gesetzes vom 24. Februar 1850. Die Majorität des Abgeordnetenhauses hat keine Gelegenheit versäumt, um, freilich innerhalb des zur Zeit bestehenden Gesetzes von 1853, den Beschwerden über versagte oder erschwerte Ansiedlung Abhülfe zu verschaffen. Es trat jedoch nur um so klarer hervor, daß es vielmehr darauf ankomme, das der Reactionszeit angehörige Gesetz von 1853 selbst zu beseitigen, indem es bei dem Gesetze vom 3. Januar 1845 nur einstweilen und so lange zu verbleiben habe, bis eine Mehrzahl seiner Bestimmungen durch die vollständige gleichmäßige Regulirung der Grundsteuer und durch eine ländliche Gemeindeordnung auch für die östlichen Provinzen überflüssig geworden sein werde.

Durch das sogenannte allgemeine Paß-Edict vom 22. Juni 1817, die dazu erlassene General-Instruction vom 12. Juli desselben Jahres, betreffend die Aufenthaltskarten, und eine Ministerialverordnung vom 30. Dezember 1850, betreffend die Legitimation der Fremden durch Paßkarten, unterliegt die persönliche Freiheit, wie die Verwerthung der Arbeitskraft den erheblichsten Beschränkungen. Die Art und Weise der Handhabung seitens des früheren Ministeriums machte diese freilich nur um so drückender. Das Haus unterzog demnächst in der jüngsten Legislaturperiode auch diesen Gegenstand seiner Erörterung. In Folge eines aus seiner Mitte hervorgegangenen Antrages forderte es die Staatsregierung auf: „eine Revision der gedachten Verordnungen vorzunehmen, um die betreffenden Bestimmungen mit der Verfassung und mit den Bedürfnissen der Zeit in Einklang zu bringen, und zu dem Ende dem Landtage ein den Gegenstand neu regulirendes Gesetz vorzulegen, auch durch Abschließung von Tractaten mit fremden Staaten möglichst auf gegenseitige Beseitigung des Paßwesens hinzuwirken." Die Regierung erklärte sich hiermit einverstanden, indem sie die nöthigen Vorbereitungen bereits getroffen habe. —

Gleich in der ersten Session dieser Legislaturperiode ergriff ferner das Abgeordnetenhaus die durch Petitionen von ländlichen und städtischen Grundbesitzern, Fabricanten und Gewerbtreibenden dargebotene Veranlassung, sich über den Anachronismus, wie die Gemeinschädlichkeit der Beschränkungen des vertragsmäßigen Zinssatzes, der sogenannten Wuchergesetze, auszusprechen. Die Petitionen, welche deren Aufhebung verlangten, wurden der Staatsregierung zur Berücksichtigung überwiesen. Demgemäß legte diese in der Session von 1860 einen Gesetzentwurf vor, wobei nicht blos die Gemeinschädlichkeit, wie die Unausführbarkeit von dergleichen aus alter Zeit herrührenden Beschränkungen der Capitalbenutzung dargethan, sondern auch, gestützt auf die Erfahrungen anderer Länder, die Besorgnisse widerlegt wurden, welche man gegnerischerseits an ihre Aufhebung knüpfte.

Nach eingehender Erörterung nahm das Abgeordnetenhaus bei namentlicher Abstimmung in seiner weit überwiegenden Majorität die Regierungsvorlage an. Hingegen erlangte der Gesetzentwurf im Herrenhause nur die Zustimmung von acht Mitgliedern.

Der vom Abgeordnetenhause bei Genehmigung dieses Gesetzentwurfs in der zweiten Session gleichzeitig ausgesprochenen Erwartung, „daß die Staatsregierung die in Beziehung des Hypothekenwesens und Subhastationsverfahrens, sowie der Bankinstitute bestehenden Erschwerungen im Interesse des Realcredits zu beseitigen suchen wolle," kamen in der dritten Session die aus der Mitte des Hauses selbst eingebrachten Gesetzentwürfe über die Reform der Hypothekenordnung und die Abänderung der Subhastationsordnung, entgegen. Die Berathung dieser Entwürfe mußte indeß der folgenden Legislaturperiode vorbehalten bleiben, indem die für eine gründliche Verbesserung des Hypothekenwesens nothwendig erachteten, tief eingreifenden Reformvorschläge allerdings einer weiteren, sehr gründlichen Vorbereitung, wo möglich im Vereine mit der Staatsregierung, bedürfen.

Nicht sofort schien es zulässig, auch nicht gleich dringend geboten, diejenigen Ausnahme-Bestimmungen aus der preußischen Gesetzgebung wiederum auszuscheiden, durch welche die hinter uns liegende Periode des Ministeriums Manteuffel-Westphalen das gemeine bürgerliche Recht einzelner Volksklassen zu Gunsten anderer, in der That ohne praktisches Bedürfniß verletzt und außer Anwendung gesetzt hatte, wie z. B. durch das Gesetz vom 24. April 1854, betreffend die Verletzungen der Dienstpflichten des Gesindes und der ländlichen Arbeiter. Näher lag hingegen und dringender trat an das Abgeordnetenhaus die Veranlassung heran zur Aufhebung der auf die Arbeits- und Quittungsbücher von Webermeistern und anderen Fabrikarbeitern in den rheinischen und bergischen Fabrikbezirken bezüglichen, die persönliche Freiheit und Gleichberechtigung beschränkenden Bestimmungen der dort fortgeltenden älteren Gesetze aus der Zeit der französischen Herrschaft. Schon in der ersten Sitzung hatte sich das Haus mit diesem Gegenstande beschäftigt und die Petitionen der Fabrikarbeiter, welche die Aufhebung jener Bestimmungen verlangten, der Staatsregierung zur Berücksichtigung überwiesen. Dieselbe legte in der zweiten Session einen entsprechenden Gesetzentwurf vor, welcher unter'm 8. Juni 1860 als Gesetz publicirt wurde.

Das Gesetz vom 1. Juni 1860 begegnete sodann einer seit Jahren wiederholten Beschwerde der Berliner Kaufmannschaft über die Verordnungen von 1836, 1840 und 1844, durch welche der Verkehr mit spanischen und sonstigen Staats- und Communal-Schuldpapieren, insbesondere mit ausländischen, sowie die Eröffnung von Actienzeichnungen für Eisenbahnunternehmungen und der Verkehr mit den dafür ausgegebenen Papieren theils verboten wurde, theils wenigstens erschwert worden war.

Für den Postverkehr brachte einstweilen das Gesetz vom 21. Mai 1861, betreffend die Abänderung mehrerer, auf das Postwesen sich beziehender Vorschriften, sowie das Gesetz vom 21. März 1861 wegen Ermäßigung des Brief- und Packetportos und der Aufhebung der Beschränkungen in Betreff des Zusammenpackens verschiedenartiger Gegenstände in den mit der Post zu befördernden Briefen und Packeten, dankenswerthe Verkehrserleichterungen.

V. Landesculturgesetzgebung.

Eine der größten und folgenreichsten Maaßregeln der preußischen Agrar- und Landesculturgesetzgebung, — die Regulirung der gutsherrlichen und bäuerlichen Verhältnisse mit Verleihung des vollen Eigenthums der erblich oder auch nicht erblich besessenen bäuerlichen Höfe und Colonate gegen Entschädigung der Gutsherrn, — welche seit 1808 und 1811, wie nach späteren Gesetzen in allen Provinzen und Landestheilen des Staats durchgeführt ist und einen wichtigen Theil des inneren Staatsrechts der Monarchie bildet, hatte allein in Neuvorpommern und Rügen keine Anwendung gefunden. Als im dritten Abschnitt des Gesetzes vom 2. März 1850 über Regulirungen und Ablösungen die früheren Bestimmungen zusammengefaßt und verallgemeinert wurden, war man von der irrthümlichen Voraussetzung ausgegangen, daß sich in jenem Landestheil bäuerliche Verhältnisse dieser Art nicht mehr vorfänden. Denn allerdings hatte daselbst seit längerer Zeit, insbesondere seit Aufhebung der Leibeigenschaft durch ein schwedisches Gesetz von 1806, das Legen und Einschlachten der Bauergüter mit der Zerstörung der vormals bei jedem Rittergute vorhandenen, zahlreichen Bauerdörfer dergestalt um sich gegriffen, daß nur noch verhältnißmäßig wenige Reste des in der Vorzeit sogar meist erblichen Bauerstandes übrig geblieben waren. Um so mehr mußte es das Haus als einen Act später Gerechtigkeit und als die Pflicht der gesetzgebenden Factoren betrachten, die bereits während der beiden ersten Sessionen eingegangenen Petitionen wegen Ausdehnung des dritten Abschnittes des Gesetzes vom 2. März 1850 auf Neuvorpommern und Rügen der Staatsregierung zur Berücksichtigung wiederholt zu empfehlen. Die Staatsregierung legte in der dritten Session einen den Anträgen entsprechenden Gesetzentwurf vor. Während er die Zustimmung der weit überwiegenden Mehrheit des Abgeordnetenhauses erhielt, wurde derselbe indeß vom Herrenhause der Regierung mit dem Antrage zurückgegeben, ihn zunächst an die Provinzialstände der Provinz Pommern zur Berathung gelangen zu lassen.

Einen zweiten Gegenstand eingehender Berathung bildete die Gesetzgebung über die Ablösung der Abgaben und Leistungen an Kirchen, Pfarren und Schulen. In Betreff dieses Gegenstandes waren in dem neuesten, von der Minorität der damaligen Linken lebhaft bekämpften Gesetz vom 15. April 1857 höchst exceptionelle und von den Principien der preußischen Agrargesetzgebung abweichende Bestimmungen erlassen. Indem Beschwerden geistlicher Institute über Verminderung ihres Einkommens, in Folge der Rentificirung nach den allgemeinen Grundsätzen des Ablösungsgesetzes vom 2. März 1850, die Veranlassung gaben zum Gesetz vom 15. April 1857, griff nun aber dieses letztere sogar weit über die früher geltenden Bestimmungen hinaus und selbst in receßmäßig festgestellte Rechte ein. Die dadurch hervorgerufenen zahlreichen Beschwerden der Pflichtigen in der ersten und zweiten Sitzung überwies das Haus an die Staatsregierung zu deren Abstellung im Wege der Legislative. Demnächst fand sich die Staatsregierung in der dritten Session zur Vorlage eines Gesetzentwurfs veranlaßt. Nachdem dieser mit einigen Verbesserungen die Zustimmung des Abgeordnetenhauses erhalten hatte, wurde er jedoch vom Herrenhause in den erheblichsten Bestimmungen abgelehnt.

Mehrfachen Petitionen wegen Ausdehnung der Gemeinheitstheilungs-Ordnung vom 7. Juni 1821 auf die Umlegung von Grundstücken, welche einer gemeinschaftlichen Benutzung und ein- oder gegenseitigen Dienstbarkeitsrechten nicht unterliegen, begegnete das Haus durch einen im Wege seiner Initiative eingebrachten Gesetzentwurf. Derselbe erhielt indeß ebenfalls nicht die Zustimmung des Herrenhauses, das vielmehr eine provinzielle Behandlung und die Vernehmung der verschiedenen Provinzialstände über das Bedürfniß, wie über die einzelnen Bestimmungen dieses Gesetzentwurfs beantragte.

Dagegen wurde das für die betreffenden Landestheile wichtige Gesetz über die Verschaffung der Vorfluth in dem Bezirke des Appellationsgerichtshofes zu Cöln und des Justiz-Senats zu Ehrenbreitenstein, sowie in den Hohenzollernschen Landen schon unter dem 14. Juni 1859, ebenso das lange erwartete und urgirte Gesetz über Ablösung der Reallasten, besonders der Zehnten, in den Hohenzollernschen Landen unter dem 28. Mai 1860 publicirt.

Von anderen für die Landescultur und Landwirthschaft besonders wichtigen Gegenständen, welche die Thätigkeit des Hauses in Anspruch nahmen, heben wir nur noch einige hervor. In Anerkenntniß der Bedeutung des landwirthschaftlichen Creditwesens für den Realcredit, zumal derjenigen Grundbesitzer, welche statutenmäßig von den bestehenden ritterschaftlichen Creditverbänden ausgeschlossen sind, überwies das Haus der Staatsregierung einen das Großherzogthum Posen betreffenden Antrag zur Berücksichtigung bei den Verhandlungen über Vereinigung der beiden Posener landwirthschaftlichen Creditvereine, zugleich in der Erwartung, daß dem Princip der Selbstverwaltung mehr Rechnung getragen werde, als bisher geschehen; ferner den Antrag wegen Errichtung eines Creditinstituts für die Kreise Bütow, Schlawe und Lauenburg.

Außerdem wurde die baldige Regulirung der verwickelten schlesischen Dezemverhältnisse durch Vorlage eines Gesetzes über deren Ablösung, nachdem sich die Arbeiten der betreffenden Commissionen eingehend mit der Sache befaßt hatten, der Staatsregierung dringend empfohlen. In gleichem Sinne beschäftigte das Haus die schon nach den bestehenden Gesetzen für zulässig erkannte Bildung von Genossenschaften zur Ausführung von Drainanlagen, dieser für die Landescultur immer wichtiger gewordenen Maaßregel. Auch erörterte man die leitenden Gesichtspunkte für den Erlaß eines seit lange wünschenswerthen Waldculturgesetzes, welches die Rechte des Privateigenthums mit den allgemeinen Interessen der Cultur zu vermitteln hat, insoweit dadurch Versandungen oder sonstigen erheblichen Landescalamitäten vorzubeugen und das in Gebirgsgegenden dringender hervorgetretene Bedürfniß zur Bildung von Genossenschaften behufs gemeinsamer Cultur und Benutzung von Waldgrundstücken, zu befriedigen ist.

So sehr auch sonst das Abgeordnetenhaus an dem Grundsatze festhält, keine Mehrausgaben über den von der Staatsregierung vorgelegten Etat hinaus zu beantragen, so hat es sich doch im hochwichtigen Interesse für die Landescultur, bei Prüfung des Etats des landwirthschaftlichen Ministeriums, wiederholt veranlaßt gesehen, die Erwartung auszusprechen, daß die zur Ausführung von Meliorationen und Deichbauten ausgeworfenen einmaligen und außerordentlichen Ausgaben wiederum erhöht würden, sobald die Finanzlage des Staates dies irgend gestatte.

VI. Städteordnung.

Als Herr von Manteuffel, damals Minister des Innern, im Jahre 1849 eine — wesentlich nach rheinischen Anschauungen entworfene — Gemeindeordnung den Kammern vorlegte, erblickten enthusiastische Verehrer des Princips einer einheitlichen Verfassung für Stadt- und Landgemeinden in der Durchführung dieser Ordnung das kräftigste Mittel, die Macht der Feudalen zu brechen. Schon damals indeß wurde von manchem Mitgliede der constitutionellen Partei das Bedenken geäußert: ob eine Regierung, deren Seele Herr von Manteuffel war, wie er bald auch ihr Haupt werden sollte, diese radicale Umgestaltung der ländlichen Gemeindeverhältnisse durchzuführen in der That entschlossen sein würde, oder ob der Erfolg dieser — unter'm 11. März 1850 zur Publication gelangten — Gemeindeordnung für den preußischen Staat nur darin bestehn würde, den Städten in den östlichen Provinzen und in Westphalen ihre der Regierung mißliebig gewordenen Städteordnungen von 1808 und 1831 zu entwinden. Die Folge lehrte, daß diese Besorgniß nur zu begründet war. Im Verlauf eines kurzen Lustrums ließ Herr von Manteuffel — durch die That von Olmütz genöthigt, auch in der inneren Verwaltung bei Denen seine Unterstützung zu suchen, welche seiner äußeren Politik ihren freudigen Beifall zollten — durch den zu diesem Zweck in's Ministerium berufenen Herrn von Westphalen das anscheinend mit so vielem Eifer unternommene Werk zerstören. Die Fundamentalgesetzgebung des Landes, deren Urheber er gewesen, in der er noch in der Sitzung von 1851 eine für das Land heilsame Maaßregel erblickt hatte, ward aufgehoben und durch eine andere, vom gerade entgegengesetzten Standpunkt ausgehende ersetzt.

Freilich, schöpferische Kraft war auch in dieser That nicht. Es war auch hier nichts als die Umkehr, für die ländlichen Gemeindeverhältnisse zu dem Standpunkt, auf welchem die Feudalen sie, trotz 1808, bis 1850 zu erhalten gewußt hatten, für die städtischen — soweit es sich irgend thun ließ — zu dem Bureaukratismus, den Stein durch seine geniale Schöpfung auf diesem Gebiet für immer begraben zu haben hoffen durfte.

Es konnte nicht ausbleiben, daß die Bürgerschaften in den alten Provinzen, die den Werth ihrer „thätigen Einwirkung auf das Gemeindewesen" erkennen und schätzen gelernt, die sich der Scheidung in verschiedene Klassen seit einem halben Jahrhundert entwöhnt, die die Wahlhandlung ihrer Stadtverordneten als einen wichtigen, feierlichen Act betrachtet und sich für ihre Abstimmung nur ihrem Gewissen gegenüber verantwortlich gemacht hatten, — es konnte nicht ausbleiben, daß sie sich unbehaglich fühlten bei den vielfachen, durch die Städteordnung von 1853 eingeführten Einmischungen der Aufsichtsbehörden, bei dem aus der Rheinischen Gemeindeordnung übernommenen Dreiklassensystem, bei der öffentlichen Stimmgebung zu Protocoll, welche, indem sie jeden Wähler einzeln zum Wahllocal gehen läßt, die Feierlichkeit, den Ernst eines öffentlichen Actes aufhebt und den Stimmenden der Einwirkung derer, deren Gunst, deren Kundschaft er bedarf, wie den Einflüssen des Wahlvorstandes preisgiebt. — Gründlich motivirte Petitionen brachten schon in der ersten Session diese Beschwerden zur Kenntniß des Abgeordnetenhauses. Es beschloß, dieselben dem Staatsministerium in der Erwartung zu überweisen: daß zur Förderung einer freieren Betheiligung der Bürgerschaft an der Stadtverwaltung die Städteordnung vom 30. Mai 1853 einer Revision werde unterworfen und zur Förderung möglichst ausgedehnter Selbstverwaltung der Städte die Frage einer legislativen Prüfung werde unterzogen werden, welche in jener Städteordnung enthaltenen Beschränkungen der städtischen Selbstverwaltung ohne Verletzung der allgemeinen Staatsinteressen aufgehoben werden können.

Die Regierung zögerte mit ihrer Initiative bis zum Jahre 1861 und die Art, wie sie dieselbe durch Vorlage einer Novelle zur Städteordnung für die sechs östlichen Provinzen ergriff, entsprach sehr wenig dem im Jahre 1860 von der Commission (in Veranlassung neuer Petitionen und eines von Mitgliedern des Hauses eingebrachten Entwurfs einer Novelle zur Städteordnung) gefaßten, indessen nicht mehr zur Verhandlung im Plenum gekommenen Beschlusse, nach welchem der Staatsregierung dringend empfohlen werden sollte, bei der beantragten Revision die Frage zu erörtern, ob nicht für die Gesammtmonarchie, unter Abänderung der in den verschiedenen Gesetzen enthaltenen Bestimmungen, im Geiste der im vorjährigen und dem gegenwärtigen Berichte enthaltenen Vorschläge, eine und dieselbe Städteordnung zu erlassen sei.

Die Gemeindecommission hat in der letzten Session diesen Standpunkt, der Vorlage der Regierung gegenüber, mit Entschiedenheit gewahrt, als der von dem Herrenhause noch verstümmelte Entwurf zu ihrer Berathung gelangte. Freilich ihr Hauptantrag: die Novelle zu einer revidirten Städteordnung für die ganze preußische Monarchie (deren Entwurf sie vorlegte) zu erweitern, fiel im Hause, — aber nicht durch die Schuld der constitutionellen Partei. Es war die kleine Fraction, welche sich von ihr losgesagt hatte, die durch ihr ablehnendes Votum den Ausschlag gab. Der Grund dieses überraschenden Verhaltens lag nach den Erläuterungen, welche dafür in der Debatte gegeben wurden, in dem Wunsche, einer Rückkehr der Gesetzgebung zu dem Standpunkte des Jahres 1850 nicht vorzugreifen. Die constitutionelle Partei hatte keine Veranlassung, sich durch ein solches Motiv bestimmen zu lassen, sie mußte im Gegentheil Bedenken tragen, einen Weg noch einmal zu versuchen, dessen Gangbarkeit allerdings durch Hindernisse sehr realer Art, die keineswegs allein in den Vorurtheilen und Interessen der Feudalpartei ihren Ursprung haben, wenn nicht unmöglich gemacht, doch im höchsten Grade erschwert wird und der sicher nicht der einzige ist, auf welchem unsre ländlichen Ortschaften zu einem freien und segensreichen Gemeindeleben geführt werden können. Das, was zunächst noththut, das, worauf die constitutionelle Partei entschieden zu beharren haben wird, ist die Forderung einer einheitlichen Städteverfassung.

Ueber einige der wichtigsten Fragen hat das Haus bei der Berathung der Novelle — die demnächst nicht mehr zur zweiten Verhandlung im Herrenhause kam — in unzweideutiger Weise entschieden, indem es die Herstellung der Bezirkswahlen und geheimer Abstimmung bei denselben votirte. Was aber das Verhältniß der bürgerlichen Pflichten zu den Rechten, sowie die Grenzen des Wahlrechts anlangt, so würde eine Debatte, welche die Abgeordneten aller Provinzen als ihre Sache anzusehn gehabt hätten, ein reineres Bild von der Anschauung der Gesammtvertretung des Landes über diese schwierige Frage gegeben haben, als es jetzt entstehen konnte, wo die Abgeordneten Rheinlands und Westphalens nur bei einer Novelle für die östlichen Provinzen mitwirkten.

Andere wichtige Fragen, die nur gleichmäßig für das ganze Land entschieden werden können, kamen, nachdem der Principalantrag der Commission verworfen war, gar nicht zur Erörterung. Dazu gehört insbesondere das Beamten-Privilegium rücksichtlich der städtischen Steuern und das Einzugsgeld.

Kein Zweifel, daß die Grundsätze der constitutionellen Partei die völlige Beseitigung dieser Schranke im freien Verkehr der Arbeitskraft erheischen und daß die Niederreißung derselben auch nicht bis zu einer Reform der Gesetzgebung über die Verpflichtung zur Armenpflege, die allerdings ebenso wenig mit dem Princip der Freizügigkeit stimmt, aufgeschoben werden kann. Aber der von der Regierung beabsichtigten einstweiligen Schonung der, durch die Westphalen'sche Gesetzgebung in dieser Beziehung verwöhnten, Kämmereikassen glaubte die Majorität des Hauses gerecht werden zu dürfen, sie wollte den ärmeren Klassen eine Steuererleichterung deshalb nicht vorenthalten, weil die völlige Aufhebung der Steuer noch nicht zu erreichen war; sie votirte deshalb das, demnächst unter'm 14. Mai 1860 publicirte Gesetz, betreffend das städtische Einzugs-, Bürgerrechts- und Einkaufsgeld, welches das Einzugsgeld für die Städte aller Provinzen je nach der Einwohnerzahl auf 3, 6, 10, 15 und für Berlin auf 20 Thaler normirte.

Inzwischen war hiermit selbst dem dringendsten Bedürfniß nicht vollständig genügt. Während in den östlichen Provinzen Einzugsgeld nur in den Städten erhoben wurde und das Verlangen einzelner Landgemeinden, auch ihnen das Recht zur Erhebung desselben zu gewähren, erfolglos geblieben war, ist in der Provinz Westphalen die Erhebung des Einzugsgeldes auch in den Landgemeinden, in der Rheinprovinz wenigstens in denjenigen Landgemeinden zulässig, wo bis jetzt ein solches herkömmlich ist oder wo besondere Verhältnisse dasselbe zu rechtfertigen scheinen.

Als nun in der letzten Session die Regierung zwei Entwürfe einbrachte, welche eine entsprechende Ermäßigung der Last auch für diese Landgemeinden einführen sollten, zeigten sich zwei ernste Schwierigkeiten. Erstens fragte es sich: Wird nicht eine neue Sanction des Einzugsgeldes für Landgemeinden in den westlichen Provinzen ein neues Andrängen der Gutsherren und Bauerschaften der östlichen Provinzen auf gleiches Privilegium hervorrufen? Und zweitens: Ist es gerechtfertigt, von den Landgemeinden Rheinlands die einen gegen die andern zu bevorzugen? Das Herrenhaus erklärte sich gegen eine solche Unterscheidung. Das Abgeordnetenhaus wollte von seinem Standpunkt aus wenigstens eine Ausdehnung der Beschränkung des freien Zuzugs nicht gestatten, — und an diesem Dissens scheiterte der Entwurf eines Gesetzes, betreffend das Einzugsgeld in der Rheinprovinz, während der Entwurf für die Landgemeinden Westphalens von beiden Häusern angenommen und unter'm 24. Juni dieses Jahres publicirt ist.

In dieser Lage kann die Sache unmöglich dauernd bleiben, ohne gerechte Beschwerden der Rheinprovinz, in denen einzelne Landgemeinden Einzugsgelder von 25, 45, 60 Thalern erheben, und ohne in den östlichen Provinzen neue Agitationen zu Gunsten eines Einzugsgeldes für die Gutsbezirke und Landgemeinden hervorzurufen.

Wäre das Abgeordnetenhaus dazu gekommen, den Beschluß seiner Gemeindecommission, welche durch die neue Städteordnung das Einzugsgeld in den Städten beseitigen wollte, zu sanctioniren, so hätte sich die Frage sehr vereinfacht. In jedem Falle wird schwerlich etwas anderes übrig bleiben, als die Beseitigung des städtischen Einzugsgeldes bei der zu erwartenden Vorlage einer allgemeinen Städteordnung, dessen nothwendige Consequenz sodann die Aufhebung des Einzugsgeldes auch in den Landgemeinden Rheinlands und Westphalens sein würde.

Eine andere, für das städtische Gemeindeleben als solches noch bedeutungsvollere Frage würde bei der Durchberathung des Commissionsentwurfes das Interesse des Hauses ebenfalls wiederholt in Anspruch genommen haben: die Ausübung der Polizeigewalt. „Nach dem Entwicklungsgange der städtischen Verfassung in Deutschland — so bemerken mit Recht die Motive eines kürzlich von dem Obertribunal gefaßten Plenarbeschlusses — gehört die Polizeigewalt in den Städten der städtischen Corporation, welche sie durch den Rath ausübt." Wenn die Städteordnung von 1808, wie dort nicht minder richtig bemerkt wird, den Städten die Polizeigewalt im Sinn eines eignen Rechts nahm, indem sie bestimmte: „dem Staate bleibt vorbehalten, in den Städten eigne Polizeibehörden anzuordnen, oder die Ausübung der Polizei dem Magistrat zu übertragen, der sie sodann vermöge Auftrags ausübt; die Magistrate werden in dieser Hinsicht als Behörden des Staats betrachtet," so dankte diese Ausdehnung der Staatsgewalt ihren Ursprung vielleicht mehr noch dem damals ausgebildeten Begriff von der Allgewalt des Staats, als der praktischen Schwierigkeit, auf dem polizeilichen Gebiet locale und allgemeine staatliche Interessen zu scheiden. Genug, und mehr als genug, daß Stein den Muth hatte, in einer Zeit, in welcher der Begriff der Staatsgewalt zu einer alles individuelle Leben absorbirenden Allmacht ausgebildet war, von der Verwaltung des Gemeindevermögens, des Schul-, Armen-, Bauwesens die Hand des Staates völlig zurückzuziehen und auch in der Ausübung der Polizei diese Hand nur gewissermaaßen fictiv und durch einen Vorbehalt bestehen zu lassen. Von diesem Vorbehalt war bis zum Jahre 1850 nur ein mäßiger Gebrauch gemacht, und wo er eintrat, waren seit dem Jahre 1821 — in Folge der Bestimmungen des Gesetzes von 1820 über das Abgabenwesen — die Gemeinden mit Beiträgen zur Unterhaltung der vom Staat außerhalb den Magistraten besonders angeordneten Polizeibehörden verschont geblieben. Erst die Gesetzgebung von 1850 und die Westphalen'sche Verwaltung brachten auf diesem Gebiet die centralisirenden Tendenzen der Aufklärung und der französischen Revolution „mit Methode" zur Geltung. Dieselbe Regierung, die sich so besorgt zeigte, durch die rückläufige Gesetzgebung über die ländliche Gemeindeverfassung und durch die Wiederherstellung der durch Art. 42 aufgehoben gewesenen gutsherrlichen Polizei dem Rittergutsbesitzer obrigkeitliche Gewalt aus eignem Rechte und kraft seines Grundbesitzes zurückzuerstatten, wollte die Polizei in den Städten nur von dem Bürgermeister „im Namen des Königs" gehandhabt wissen, und machte von der, durch Gesetz vom 11. März 1850 erworbenen Befugniß, die Ortspolizei in Städten über 10,000 Einwohner durch unmittelbare Staatsbeamte ausüben zu lassen, den ausgedehntesten, häufig nur durch politische Tendenzen gebotenen Gebrauch. Die Klagen, welche durch jene gesetzlichen Bestimmungen und deren Anwendung hervorgerufen wurden, sind bekannt. Gleich in der ersten Session gab eine Petition der Stadt Königsberg Veranlassung zu einer eingehenden Debatte, in welcher überzeugend dargethan wurde, wie jenes Gesetz und seine bisherige Handhabung die Selbstverwaltung, wie die geordnete Regelung des Communalhaushalts für eine nicht geringe Anzahl preußischer Städte zur Unmöglichkeit mache. Bei Ueberweisung der Petition wurde der Regierung die Revision der §§. 2—5 jenes Gesetzes zur Berücksichtigung empfohlen, wie denn auch bei den Berathungen des Budgets der Gegenstand wiederholt zur Sprache kam und dabei die Erwartung ausgesprochen wurde, daß die Staatsregierung auf dem bereits betretenen Wege, die königlichen Polizeiverwaltungen in den Städten zu vermindern, fortschreiten werde, um dadurch nicht nur zu einer Entbürdung der Staatskasse die Hand zu bieten, sondern auch den Grundsatz der Selbstverwaltung der Gemeindeangelegenheiten zu allgemeinerer Geltung zu bringen.

Das Vertrauen, mit welchem diese Erwartung ausgesprochen wurde, ist nicht getäuscht worden, indem der gegenwärtige Minister des Innern mehrere königliche Polizeiverwaltungen aufgelöst hat und wegen Auflösung anderer, oder doch Zurückgabe einzelner Zweige der Polizeiverwaltung an die Magistrate, Verhandlungen schweben. Es darf dabei namentlich auch gehofft werden, daß der von dem bisherigen wesentlich verschiedene Geist, der gegenwärtig in der Berliner Polizeiverwaltung herrscht, von heilsamen Folgen für die Auffassung der wirklichen Aufgaben der Polizei und ihrer Stellung im Gemeindeleben begleitet sein wird.

Gesetzgeberisch die Frage zu lösen und der Gemeinde zurückzugeben, was ihr nach deutscher Rechtsanschauung gebührt — diese Aufgabe liegt noch vor uns; denn jenem in Veranlassung der Königsberger Petition gefaßten Beschluß hat die Regierung nur insofern Folge gegeben, als in den betreffenden, in der letzten Session vorgelegten Gesetzentwurf eine Bestimmung aufgenommen war, nach welcher zum Erlaß ortspolizeilicher Verordnungen das Einverständniß des Gemeindevorstands, bei mangelnder Einigung die Entscheidung der Landespolizeibehörde erforderlich sein soll, während nach dem Gesetz von 1850 der Gemeindevorstand nur gehört werden sollte. Es wird jene Aufgabe auch kaum eher durchgreifend gelöst werden können, als bis die Frage über die Ordnung der polizeilichen Verhältnisse auf dem platten Lande ihre Erledigung gefunden hat.

VII. Gemeinde-, Kreis- und Provinzial-Verfassung. Gutsobrigkeit und gutsherrliche Polizeigewalt.

Die gleichmäßige Regulirung der Grundsteuer mit Aufhebung aller Exemtionen ist allerdings zugleich unerläßliche Vorbedingung für die Ordnung des Communalwesens in Gemeinden, Kreisen und Provinzen, weil es ohne sie an einem gerechten Maaßstabe für die Uebertragung von Gemeinde-, Kreis- und Provinziallasten fehlt.

Während nun die abgelaufene Legislaturperiode, als ihr bedeutendstes für den Verfassungsstaat folgenreichstes Ergebniß, in einer Reihe von Gesetzen die endliche Ausführung der Grundsteuerregulirung sicherte, kann sie kein gleiches Ergebniß in Bezug auf die Gemeinde-, Kreis- und Provinzial-Ordnung aufzeigen. Unermüdlich nichts desto weniger ist ein solches während der drei Sessionen von 1859 bis 1861 vorbereitet worden. Der Kampf um die verfassungsgemäße Ordnung des ländlichen Gemeindewesens und die davon unzertrennliche Aufhebung der gutsobrigkeitlichen Polizei war in der den Wahlen des Herbstes 1858 vorausgegangenen Reactionsperiode ein noch weit heftigerer und dabei in seinem Ausgange für die feudale Partei glücklicherer gewesen. Nur die Aufhebung der Patrimonialgerichtsbarkeit der Rittergüter durch die Verordnung vom 2. Januar 1849 war unangefochten geblieben.

Bei der Wiederaufhebung der Gesetzgebung vom 11. März 1850, über deren Verlauf und Beweggründe wir uns im vorigen Abschnitt ausgesprochen haben, stellte das Gesetz vom 24. Mai 1853 die früheren Gesetze und Verordnungen über die Landgemeindeverfassungen in den sechs östlichen Provinzen, sowie die Kreis- und Provinzialverfassungen in sämmtlichen Provinzen der Monarchie (soweit sie mit den Bestimmungen der Verfassungsurkunde nicht im Widerspruch stehen) wieder her, und es behielt nur deren Fortbildung besonderen provinziellen Gesetzen vor, die sodann im Jahre 1856 erlassen wurden. Die dürftigen Bestimmungen über die Landgemeindeverfassung in den sechs östlichen Provinzen im Gesetze vom 14. April 1856 führten aber im Wesentlichen auf die früheren Grundlagen und Zustände zurück. Ein gleichzeitiges Gesetz restaurirte sogar die polizeiobrigkeitliche Gewalt der Rittergüter über die Landgemeinden und dies in noch weiterer Ausdehnung, als sie vorher bestanden.

Es muß hieran erinnert werden, um die Mißstimmung des Landes zu erklären, wie sie sich in Verbindung mit den Anträgen vieler städtischer und ländlicher Gemeinden und Grundbesitzer, ja selbst von Rittergutsbesitzern und einzelnen Kreisständen, während der drei Sessionen der abgelaufenen Legislaturperiode in zahlreichen Petitionen kund gab. Nur Einen Hauptpunkt, der am häufigsten in den Petitionen zur Sprache kam und in den Berichten des Hauses erörtert werden mußte, sei es gestattet hervorzuheben.

Durch die dem allgemeinen Gesetz wegen Anordnung der Provinzialstände vom 5. Juni 1823 nachfolgenden Gesetze für die einzelnen Provinzen, noch mehr aber durch die Verordnungen über die Einrichtung der Kreisstände in den verschiedenen Provinzen aus den Jahren 1825 und folgenden wurden die in Preußen, zufolge kräftiger Entwickelung einer für die Interessen und Rechte aller Stände besorgten Monarchie, fast ganz zurückgedrängten feudalen Elemente von Neuem belebt. Dadurch waren dieselben auf eine künstliche Weise mit diesem monarchischen Staatswesen dergestalt verflochten worden, daß seitdem die fortschreitende innere Ausbildung des preußischen Staatswesens von zwei entgegengesetzten, sich bekämpfenden Richtungen und Kräften bald mehr bald weniger beherrscht worden ist. Während auf der einen Seite durch die Stein'sche Gesetzgebung Personen, Grundeigenthum und Gewerbe von ihren feudalen Fesseln befreit, die socialen und politischen Vorrechte und Privilegien des Adels, ingleichen die persönlichen und dinglichen Beschränkungen des Bauerstandes aufgehoben sind, blieb die Landbevölkerung der östlichen Provinzen, sogar noch nach Publication der Verfassungsurkunde von 1850, nicht nur den gutsobrigkeitlichen Polizei- und Aufsichtsrechten einer verhältnißmäßig kleinen Zahl von Rittergutsbesitzern unterworfen, sondern es wurde diesen Rittergutsbesitzern auch in den Communen, insbesondere aber in den Vertretungen der Kreise und Provinzen, ein politisches Uebergewicht beigelegt, das mit ihren Leistungen und Pflichten für jene communalen Verbände, häufig selbst mit dem Umfange ihres Besitzthums, im größten Mißverhältniß steht. Während namentlich auf den Kreistagen die Städte wenige vereinzelte Stimmen, die Landgemeinden meist nur drei, neuerlich hin und wieder sechs Stimmen führten, hatten alle Besitzer noch so kleiner Rittergüter Virilstimmen. So haben z. B. im Regierungsbezirk Cöslin die Rittergüter in einigen Kreisen bis 119, die Städte beziehungsweise nur 6 und 3, die Landgemeinden 3, in einigen neuerlich 6 Stimmen; in den vier Kreisen des Regierungsbezirks Stralsund der ritterschaftliche Stand 210, die Städte 14, die Landgemeinden 15; im Regierungsbezirk Breslau der sogenannte erste Stand 921, die Städte 80, die Landgemeinden 118 Stimmen. Seit durch die Gesetze von 1841 und 1842 das Recht der Kreistage zur Contrahirung von Kreisschulden und zur Steuerbelastung der Kreiseinsassen eine so bedeutende Ausdehnung erhielt, trat ein solcher Widerspruch in der Neugestaltung der Kreisstände durch die Gesetzgebung von 1825 um so schärfer hervor, als vor 1807 und 1808 die Rittergutsbesitzer von den Städten und von den Landgemeinden in den Domänenortschaften getrennt waren und besondere Convente bildeten, deren Beschlüsse nur sie selber und ihre eigenen Hintersassen verpflichteten. Bis in die neueste Zeit trug ferner der im Communalwesen politisch einflußreichste, weil durch sein Stimmenverhältniß entscheidende, Stand in der Regel zu den directen Staats- und den Gemeindesteuern am wenigsten bei, weshalb die Kreistage bei Besteuerung der Kreiseinsassen meist zu Contributionsmaaßstäben griffen, nach welchen die Leistungsfähigkeit der verschiedenen Einwohnerklassen oft sehr ungleich getroffen wurde.

Die jetzige Staatsregierung erkannte sofort die Nothwendigkeit einer Revision besonders der Kreisordnungen und das Bedürfniß einer anderweiten Regelung der Vertretungsverhältnisse an. Ihrem Versprechen gemäß legte die Regierung in der zweiten Session den Entwurf einer neuen Kreisordnung zunächst für die sechs östlichen Provinzen vor. Dies geschah indeß erst im März, zu einer bereits weit vorgeschrittenen Zeit der Sitzungen des Hauses. Es ist daher nur noch möglich geworden, diese Regierungsvorlage einer eingehenden und gründlichen Prüfung in der betreffenden Commission zu unterwerfen, deren ausführlicher Bericht indeß im Plenum des Hauses nicht mehr zur Berathung gelangen konnte.

Indem man darüber einig war, „daß zunächst die Zahl der städtischen Abgeordneten nach dem Verhältniß der ländlichen und der städtischen Bevölkerung zu bestimmen sei", bestand eine Hauptdifferenz zwischen dem Entwurf der Regierung und dem der Commission darin, daß zufolge des ersteren dem großen Grundbesitz, als besonderem Wahlkörper, in der Regel mindestens die Hälfte der Gesammtzahl der Kreisabgeordneten zugewiesen werden sollte, wogegen sich die Commission gegen diese Bevorzugung des großen Grundbesitzes erklärte und dahin antrug: daß die nach Abzug der städtischen Abgeordneten übrig bleibende Zahl der Kreistagsabgeordneten zwischen dem Verbande, beziehungsweise Wahlkörper des großen ländlichen Grundbesitzes und dem der Landgemeinden, für jetzt nach Maaßgabe des Flächenumfanges der zu jedem dieser Verbände gehörigen Grundstücke zu vertheilen sei, daß jedoch in Zukunft, nach Erlaß des Grundsteuerausgleichungs-Gesetzes, das **Verhältniß der Grundsteuer** über das Vertretungsverhältniß des großen und des kleinen Grundbesitzes entscheiden solle. Auch wollte die Commission die bisher mit Kreisstandschaft versehenen Rittergüter nur soweit zum großen Grundbesitz gezählt wissen, als sie einen Reinertrag, oder aber einen Umfang haben, der nach der bisherigen Verfassung in den verschiedenen Landestheilen zur Erhaltung der Ritterguts-qualität im Falle freiwilliger Parcellirung erforderlich war.

Es erfolgte die wiederholt vom Abgeordnetenhause dringend beantragte Vorlegung der Kreisordnung in der dritten Sitzung der Legislaturperiode **nicht**. Sie wird nunmehr einen der wichtigsten Berathungsgegenstände des **nächsten Landtages** ausmachen.

Wenn die Regierung nach der Erklärung des Ministers des Innern in der Sitzung vom 21. März 1860 deshalb zuerst mit der Umbildung der Kreisordnung vorgehen zu müssen glaubte, „weil allerdings in den Kreiscorporationen der östlichen Provinzen die wesentlichsten und wichtigsten Interessen des communalen Lebens zusammenlaufen und weil sie ferner in einer richtig organisirten Vertretung der Kreise erst dasjenige Organ zu gewinnen hoffe, dessen sie wesentlich bedürfe, um die nöthige Reform auf dem Gebiete der ländlichen Polizeiverfassung, wie auf dem der ländlichen Gemeinden anbahnen zu können," so trat dagegen im Abgeordnetenhause die Ansicht hervor, daß die Ordnung des ländlichen Gemeindewesens in den östlichen Provinzen, als Unterlage für die Kreisordnung, nicht minder nothwendig und dringend sei. Darüber hingegen befand sich die Staatsregierung mit der weit überwiegenden Majorität des Abgeordnetenhauses im Einverständniß, daß der durch das Gesetz vom 14. April 1856, betreffend die Wiederherstellung der gutsherrlichen Gewalt, betretene Weg in keiner Weise geeignet sei, die Autorität der Obrigkeit überhaupt zu stärken, noch eine solche Handhabung der Polizei zu gewährleisten, wie sie im staatlichen Interesse nothwendig ist, daß aber auch die Organisation der ländlichen Polizei nicht in der Weise herzustellen sei, daß das in Verwaltungsdistricte einzutheilende Land mit bezahlten Polizeibeamten überdeckt werde. Es ist hier nicht der Ort, auf die angemessenste Art und Weise der Organisation des ländlichen Polizei- und Gemeindewesens, vorzugsweise in den östlichen Provinzen, sowie auf die localen Zustände näher einzugehen, welche diese großen und tief eingreifenden Reformen mit eigenthümlichen Schwierigkeiten umgeben. Von ihrer zutreffenden, den realen Verhältnissen entsprechenden Lösung hängt die heilbringende und rasche Durchführung dieser für ein verfassungsmäßiges Rechtsleben in Preußen unabweislichen Maaßregeln ab. Es genügt, darauf hinzuweisen, daß der zur Mitwirkung bei denselben berufenen nächsten Legislatur auch in dieser Beziehung eine nicht minder bedeutende Arbeit und Aufgabe vorbehalten ist, wie sie die abgelaufene Legislatur auf anderen Gebieten der Gesetzgebung zu übernehmen und zu lösen gehabt hat.

An die Stelle der früheren rheinischen Gemeindeordnung für Stadt und Land vom 23. Juli 1845 und der für die Provinz Westphalen, neben der revidirten Städteordnung, unter'm 31. October 1841 erlassenen besonderen Landgemeindeordnung, war in Westphalen die Landgemeindeordnung vom 19. März 1856 getreten und in der Rheinprovinz, nach Aufhebung der Gemeindeordnung vom 11. März 1850, eine besondere Städteordnung vom 15. Mai 1856 und für diejenigen (ländlichen) Gemeinden, in welchen diese Städteordnung nicht eingeführt wird, wiederum die frühere, nur in einigen Bestimmungen durch die Novelle vom 15. Mai 1856 abgeänderte Gemeindeordnung vom 23. Juli 1845. Insbesondere ist es diese rheinische Städte- und Gemeinde-Ordnung, welche der Selbstverwaltung der Gemeinden den verhältnißmäßig geringsten, hingegen den bureaukratischen Einwirkungen von oben her den verhältnißmäßig größten Spielraum gewährt.

Als sich die Erwartung, daß die Regierung den ihr zur Berücksichtigung überwiesenen Beschwerden durch alsbaldige Revision dieser Ordnungen Rechnung tragen werde, nicht erfüllte, trat die Mehrzahl der Abgeordneten aus der Rheinprovinz und der Provinz Westphalen zur Berathung einer gemeinschaftlichen Landgemeindeordnung zusammen und brachte das Ergebniß ihrer Arbeiten als Entwurf eines Gesetzes, betreffend die Landgemeindeordnung für die Provinz Westphalen und die Rheinprovinz, am 23. März 1861 in das Abgeordnetenhaus ein. Bei der vorgerückten Zeit der Session wurde jedoch der am 23. Mai d. J. der Berathung des Plenums unterbreitete Commissionsbericht der Staatsregierung zur Berücksichtigung bei den weiteren Verhandlungen über die Reform der betreffenden Gemeindegesetze überwiesen. Die Erledigung derselben bleibt gleichfalls eine Aufgabe der nächsten Legislaturperiode.

VIII. Wahlgesetz.

Zahlreiche Beschwerden über die Behandlung der Wahlen in der früheren Zeit, vielfache Wünsche wegen Verbesserung des Wahlgesetzes und der Wahleinrichtungen sind in den an das Haus gelangten Petitionen hervorgetreten. Die keinem Mitgliede desselben unbekannt gebliebenen Mißstände lagen zum Theil allerdings darin, daß die Emanation der von der Verfassung verheißenen Gesetze unterblieben war; anderntheils aber lagen sie ebenso sehr in der willkürlichen und tendenziösen Handhabung sowohl der Verordnung über die Ausführung der Wahl der Abgeordneten vom 30. Mai 1849, als des vom Staatsministerium zu dieser Verordnung erlassenen Wahlreglements. Durch alle Sessionen der eben abgelaufenen Legislaturperiode waren verschiedene Commissionen des Hauses sowie das Plenum theils mit der Erörterung jener Petitionen, welche dem Staatsministerium zur Berücksichtigung und zur Benutzung überwiesen wurden, theils mit einer großen, aus der Initiative der Regierung hervorgegangenen gesetzgeberischen Maaßregel beschäftigt.

Unzweifelhaft steht unter den Bedingungen und Mitteln zur Belebung und Befestigung des verfassungsmäßigen Staatslebens durch den unverfälschten Ausdruck der öffentlichen Meinung in der unabhängigen Wahl der Volksvertretung, ein Gesetz über Feststellung der Wahlbezirke (Art. 69 der Verfassung) für die Wahlen zum Hause der Abgeordneten, in erster Linie. Deshalb gehörte die Berathung und der Erlaß des Gesetzes vom 27. Juni 1860, durch welches nicht nur der Wahlbezirk, sondern auch der Wahlort festgestellt, Beides daher der Einwirkung der Verwaltung fortan entzogen ist, zu den für das Verfassungsleben in Preußen wichtigsten Ergebnissen der abgelaufenen Legislaturperiode.

Bis zum Erlaß eines neuen Wahlgesetzes ist indeß das auf dem Verwaltungswege ergangene Wahlreglement von kaum geringerer Bedeutung. Eine Anzahl Abgeordneter der constitutionellen Fractionen beschäftigte sich daher in der ersten wie in der zweiten Sitzung auf sehr eingehende Weise mit jenen reglementarischen Vorschriften. Die von diesen Mitgliedern zusammengestellten Bemerkungen, die, weil sie nicht ein Gesetz, sondern ein Reglement betrafen, dessen Abänderung der Verwaltung zusteht, von vornherein nicht für die Berathung im Hause bestimmt waren, sind hierauf im Privatwege dem Minister des Innern zur Benutzung bei den von demselben erwarteten Anordnungen mitgetheilt worden. Das inzwischen unter'm 4. d. M. publicirte neue Reglement zeigt, besonders im Zusammenhang mit dem erläuternden Circular vom 10. d. M., daß den Wünschen des Hauses und dem Interesse der Freiheit der Wahlen die ernsteste Berücksichtigung zu Theil geworden ist.

Während das Dreiklassensystem, insoweit es sich um die Wahlen zum Abgeordnetenhause handelt, auf dem Art. 71 der Verfassungsurkunde beruht, daher auch nur auf dem in der Verfassungsurkunde selbst vorgeschriebenen Wege abgeändert werden kann, — beruht hingegen die Vorschrift wegen öffentlicher Abgabe der Wahlstimmen zum Protokoll nur auf §. 21 der unter'm 30. Mai 1849 erlassenen Verordnung über Ausführung der Wahl. Zahlreiche Petitionen aus allen Berufsständen und aus allen Theilen des Landes beantragten dringend die Rückkehr zur geheimen Abstimmung, und auch mehrere Redner aus den liberalen Fractionen des Abgeordnetenhauses sprachen sich dafür aus. Die der geheimen Abstimmung geneigte Majorität vermied es indeß, und zwar gegen das Votum ihrer Commission, schon gegenwärtig für diese Einrichtung bei den politischen Wahlen zum Abgeordnetenhause eine maaßgebende Entscheidung zu treffen, weil diese Frage in einem so engen Zusammenhange mit dem Gesammtsysteme des Wahlgesetzes stehe, daß es nothwendig sei, dieselbe in Verbindung mit dem im Art. 72 der Verfassungsurkunde verheißenen Wahlgesetze einer gründlicheren Berathung zu unterwerfen, als dies bei Gelegenheit einer Petition thunlich erscheine. Indeß wurde die von anderer Seite verlangte Tagesordnung, welche die Verwerfung des Antrages auf Rückkehr zur geheimen Abstimmung bezweckte, schon in der ersten Session, bei namentlicher Abstimmung, mit weit überwiegender Mehrheit abgelehnt. Die Beschlüsse über die Beseitigung des Dreiklassensystems und der geheimen Abstimmung auf dem Gebiete der Städteordnung sind im vorigen Abschnitt erwähnt worden.

Mit dem im Art. 72 der Verfassung verheißenen Wahlgesetz aber konnte sich das Haus in dieser Legislaturperiode schon um deswillen noch nicht beschäftigen, weil zuvor die ländliche Gemeindeordnung erlassen und die Revision der Städteordnungen erfolgt sein muß, indem, zufolge Art. 70 der Verfassungsurkunde, das Recht zu den Gemeindewahlen auch über die Befähigung zum politischen Wahlrecht entscheiden soll.

IX. Bergwerksgesetzgebung.

Die Bergwerksgesetzgebung hat in der verflossenen Legislaturperiode mehrere Novellen zu Tage gefördert, welche als ein erfreulicher und erheblicher Fortschritt bezeichnet werden können.

Hierher ist vor Allem das Gesetz vom 31. Mai 1860, betreffend die Aufsicht der Bergbehörden über den Bergbau und das Verhältniß der

Berg- und Hüttenarbeiter, zu zählen. Der vor dem Erlaß dieses Gesetzes geltende Rechtszustand war mit dem Verhältnisse der Grubenbesitzer, als Eigenthümer ihrer Gruben, und dem der Bergleute, als freier Arbeiter, ebensowenig als mit dem Interesse des Bergbaues vereinbar, und nur aus dem früheren Bevormundungssystem des Bergbaues erklärlich. Im Gegensatze zu diesen veralteten Einrichtungen, welche eine Abänderung dringend bedurften, ist nun das Verhältniß zwischen den Bergwerkseigenthümern und den Bergarbeitern auf den freien Vertrag zurückgeführt worden, so daß eine Mitwirkung der Bergbehörde bei der Annahme und Entlassung der Bergleute, sowie bei der Festsetzung und Zahlung des Schicht- und Gedingelohnes nicht mehr statt findet. Doch hat das Gesetz mehrere Bestimmungen gegen Mißbräuche von Seiten der Arbeitgeber und Arbeitnehmer, namentlich gegen das sogenannte Trucksystem aufgenommen, — wobei nur zu bedauern ist, daß es dem Abgeordnetenhause nicht gelungen ist, die dem Princip des Gesetzes widersprechende und überflüssige Verfügung des §. 18 über die Bestrafung der Eigenmächtigkeit und des Ungehorsams von Seiten der Bergleute aus dem Gesetze zu entfernen. Ein Amendement des Herrenhauses stellte die Regierungsvorlage in dieser Beziehung wieder her, und mußte, um nicht das Zustandekommen des ganzen Gesetzes zu gefährden, angenommen werden. Um ferner das in dem Gesetze vom 12. Mai 1851 noch nicht principiell aufgegebene Directionsprincip des älteren Bergrechts definitiv zu beseitigen, und namentlich der Ministerial-Instruction vom 6. März 1852 eine rechtliche Basis zu geben, beschloß die Commission des Hauses einen Zusatz, nach welchem der Bergwerkseigenthümer der Einwirkung der Bergbehörde fortan nicht weiter unterworfen ist, als zur Wahrung der Nachhaltigkeit des Bergbaues, der Sicherheit der Baue der Oberfläche und des Lebens und der Gesundheit der Arbeiter nothwendig ist. Dieser Zusatz ist vom Hause angenommen und hat im §. 1 des Gesetzes seinen Ausdruck gefunden.

Der Bergbau diesseits des Rheins ist auch nach dem Gesetz vom 12. Mai 1851 über die Besteuerung der Bergwerke mit Abgaben belastet, welche seinem dauernden Aufblühen und der Concurrenz mit dem Auslande hindernd in den Weg treten. Auch besteht insofern eine verfassungswidrige Ungleichheit der Besteuerung, als in Folge der auf dem linken Rheinufer noch bestehenden französischen Berggesetzgebung statt der in den Provinzen diesseits des Rheins bestehenden Steuer von 6 Procent des Bruttoertrages nur eine solche von 5 Procent des Reinertrages erhoben wird. Diese Uebelstände hob die Bergwerkscommission des Abgeordnetenhauses in ihrem eingehenden Berichte vom 23. April 1860 über zwei die Besteuerung der Bergwerke betreffende Petitionen hervor und stellte den von dem Hause angenommenen Antrag, die Petitionen der

Staatsregierung in der Erwartung zu überweisen, daß ein Gesetzentwurf vorgelegt werde, in welchem die verschiedenen Bergwerksdistricte des Staats gleichmäßig mit einer der Concurrenzfähigkeit des Gewerbes mit dem Auslande nicht nachtheiligen Steuer vom Reinertrage belegt werden. Dieser Aufforderung ist durch den im Jahre 1861 eingebrachten Gesetzentwurf über die Ermäßigung der Bergwerksabgaben, und zwar, wie die Motive besagen, mit Rücksicht auf die gegenwärtige Lage des Staatshaushalts, nicht vollständig entsprochen worden; indessen ist doch durch den §. 1 dieses Gesetzentwurfes der Zwanzigste mit dem 1. Januar 1862 um ein Fünftheil und sodann vom 1. Januar jedes Jahres ab, in dessen Vorjahr diese Abgabe mit Hinzurechnung der Aufsichtssteuer die Summe von 1 Million Thaler erreicht hat, um ein ferneres Fünftheil ermäßigt, bis er auf ein Fünftheil seines gegenwärtigen Betrages oder eins vom Hundert des Ertrages herabgesetzt ist. Diesem Gesetzentwurf konnte daher das Haus seine Zustimmung nicht versagen. Das Herrenhaus hat auch nicht einmal diese Erleichterung unbedingt gewährt, indem es beschloß, die Herabsetzung des Zwanzigsten nur bis auf 2 Procent anzunehmen, und auch hier mußte sich das Abgeordnetenhaus entschließen, um das Gesetz zu Stande kommen zu lassen und in der Voraussicht, daß das Bedürfniß der Bergindustrie schon im Laufe der nächsten Jahre zu einer Revision des Bergwerks-Abgabenwesens drängen werde, der vom Herrenhaus beschlossenen Abänderung des Gesetzes, das am 22. Mai d. J. publicirt ist, beizutreten.

Es mag hier noch des Gesetzes Erwähnung geschehen, durch welches die in bergamtlichen Verwaltungs-Angelegenheiten zu entrichtenden Gebühren und Sporteln, deren jährlicher Ertrag durchschnittlich auf 20,000 Thaler veranschlagt worden, aufgehoben sind. Dieser Entwurf hat die Zustimmung beider Häuser gefunden und ist am 21. Mai 1860 publicirt worden.

Wiederholt war im Abgeordnetenhause das Bedürfniß einer Verminderung der bestehenden Bergbehörden zur Sprache gebracht, um damit nicht blos eine Ersparniß eintreten zu lassen, sondern auch ein Hinderniß zu beseitigen, das der Durchführung der neueren Gesetze über die Selbständigkeit der Bergbaubesitzer aus der Ueberfülle der Behörden erwächst. In Folge dessen hat im Jahre 1861 die Staatsregierung einen Gesetzentwurf eingebracht, vermöge dessen die den Bergämtern beigelegten Befugnisse auf die Ober-Bergämter übergehen und worin noch einige andere über das Verfahren bei Muthungen und Beleihungen, sowie die Ressortverhältnisse der Ober-Bergämter und der Regierungen in Beziehung auf das Hüttenwesen sich verbreitende, zweckmäßige Bestimmungen enthalten sind. Das Abgeordnetenhaus hat unter Amendirung des Gesetzentwurfs in mehreren, jedoch nicht wesentlichen Punkten demselben seine Zustimmung ertheilt, so daß am 10. Juni d. J. die Publication des Gesetzes erfolgen konnte.

Außerdem haben das Abgeordnetenhaus noch mehrere andere bergrechtliche Gegenstände beschäftigt, von welchen wir nachstehende hervorheben. Theils bei Berathung des Budgets, theils in Folge von Anträgen und Petitionen hat das Haus wiederholt die Erwartung ausgesprochen, die Staatsregierung werde veranlassen, daß die Verwaltung der schlesischen und westfälischen Bergbauhülfsfonds den Contribuenten unter Aufsicht der Staatsbehörde übergeben werde.

Ein Antrag auf Annahme eines Gesetzentwurfs, nach welchem der Lohn der Berg-, Hütten- und Fabrikarbeiter nur auf Höhe eines Viertheils seines Betrages dem Arreste und der Execution unterliegen solle, ist vom Plenum des Abgeordnetenhauses abgelehnt worden, und zwar hauptsächlich aus dem Grunde, daß ein Bedürfniß zu einem solchen Ausnahmegesetze zur Zeit nicht vorzuliegen schien.

Ein von der Staatsregierung im Jahre 1861 vorgelegter Gesetzentwurf, betreffend die Mobilisirung der Kuxen, ist zwar Gegenstand der Generaldiscussion der betreffenden Commission gewesen, aber nicht zur Erledigung gebracht worden.

Immer mehr inzwischen macht sich das Bedürfniß geltend, an die Stelle des gegenwärtigen, auf zahlreichen, großentheils veralteten, Provinzial-Bergordnungen, auf gemeinem, preußischem und französischem Rechte, sowie einer Menge von Specialgesetzen beruhenden Bergrechts, voll Lücken und Controversen, nach dem Vorgange mehrerer deutscher Staaten, für die ganze Monarchie ein einiges Berggesetz treten zu lassen, welches nicht blos dem Umfange unseres Bergbaues, der nach dem englischen und nordamericanischen die erste Stufe einnimmt, und den Principien einer gesunden Volkswirthschaft, sondern auch den Anforderungen der bergrechtlichen Wissenschaft entspricht.

In der Commission des Abgeordnetenhauses ist deshalb auch bei Gelegenheit der Berathungen des erwähnten Gesetzentwurfes dieser Gegenstand angeregt und von dem Vertreter der Staatsregierung die Versicherung ertheilt worden, daß diese selbst die möglich schleunige Vorlegung eines allgemeinen Berggesetzes wünsche und ihrerseits betreibe.

Sicherem Vernehmen nach ist ein namhafter Bergjurist mit der Ausarbeitung dieses Gesetzes von Seiten der Staatsregierung betraut worden.

X. Presse.

Nachdem die unmittelbare Bevormundung der Presse durch die Aufhebung der Censur aufgegeben war, und man sich überdies allseitig von der Unmöglichkeit einer etwaigen Wiedereinführung derselben überzeugt hatte, suchte man in den Jahren 1850 bis 1852 die Presse dadurch zu zügeln, daß man Nachtheile und einengende Beschränkungen aller Art auf die Preßgewerbe häufte und somit eine neue und schlimmere Censur erschuf, indem man die stets wach erhaltene Besorgniß des Gewerbetreibenden vor Beeinträchtigung, ja vor Entziehung seines in der Presse angelegten Vermögens an die Stelle der Staatscensur, die sich ohnehin als unwirksam erwiesen hatte, treten ließ. Zwar gab das Preßgesetz zu einem derartigen Verfahren nicht die mindeste Veranlassung, indem es die Concessionsentziehung nur als eine von dem zuständigen Richter erkannte Strafe zuläßt; gleichwohl wurde durch eine sophistische Auslegung ein Zusammenhang zwischen dem §. 54 des Preßgesetzes und den §§. 71—74 der allgemeinen Gewerbeordnung behauptet und auf dieser Grundlage für die Bezirksregierungen die Befugniß zur Entziehung der Concession auf administrativem Wege in Anspruch genommen. Obgleich diese Auslegung in der That ohne jeden Anhalt war, so hatte sich doch bis zum Jahre 1858 eine so constante derselben entsprechende Verwaltungspraxis gebildet, daß es, um die Presse von ihrem schlimmsten Feinde zu befreien, der Staatsregierung als eine unabweisbare Pflicht erschien, jenen angeblichen Zusammenhang durch eine Declaration zu lösen, die vom Hause der Abgeordneten mit Allen gegen Eine Stimme angenommen worden ist.

Die Gesetzgebung des Jahres 1851 und 1852 hatte, abgesehen von der Bedrohung durch Concessionsentziehung, insbesondere die periodische Presse an eine dreifach geschlungene Kette gelegt, die in der abgelaufenen Sitzungsperiode mindestens gelockert wurde. Die §§. 11, 14 und 17 des Preßgesetzes hatten sämmtlichen politischen Zeitungen und Anzeigeblättern, sowie denjenigen Blättern, die sich nicht der Besprechung aller socialen und politischen Fragen enthalten, eine in baarem Gelde einzuzahlende Caution auferlegt, bei deren Bemessung nicht der natürliche Zweck der Caution, — als Sicherstellung für die vom Richter erkannte Straffumme zu dienen, — in's Auge gefaßt worden ist, sondern offenbar die Absicht vorgewaltet hat, das Erscheinen neuer periodischer Blätter in jeder Weise zu erschweren. Durch §. 5 des Preßgesetzes von 1852 wurden ferner die cautionspflichtigen Blätter dem Postzwange, und durch das Gesetz vom 2. Juni 1852 der Stempelsteuer unterworfen.

Statt der lästigen Einzahlung der Caution in baarem Gelde ist durch das Gesetz wegen anderweitiger Einrichtung des Amts- und Zeitungs-Cautionswesens*) die Niederlegung derselben in Staatspapieren angeordnet werden. Die übertriebene Höhe der Cautionen, die dem einheimischen Buchhandel auch die Concurrenz mit den deutschen Nachbarstaaten erschwert, kam in der letzten Sitzung bei Gelegenheit einer Petitionsberathung zur Sprache, und veranlaßte das Haus, eine Ermäßigung der Cautionen, die jetzt bis 5000 Thaler steigen, auf 1000 resp. 500 Thaler zu beantragen. Ferner hat sich in Folge eines in der Sitzung vom 9. März 1859 gefaßten Beschlusses des Hauses die Regierung bewogen gefunden, bei der im nächsten Jahre erfolgten Vorlegung eines Gesetzentwurfes, die Abänderung mehrerer auf das Postwesen sich beziehender Vorschriften betreffend, die Zwangspflicht der Versendung durch die Post auf die politischen Zeitungen zu beschränken, welche ihrer Natur nach auf diese Art der Versendung ohnedies angewiesen sind. Die den Geschäftsverkehr störenden und gehässigen, durch das Postgesetz von 1852 unerläßlich gewordenen Controllen hörten sonach auf und die wissenschaftliche und belletristische periodische Presse wurde den altgewohnten in ganz Deutschland üblichen und bewährten Verkehrswegen wiedergegeben.

Die verderblichen Folgen der Zeitungssteuer endlich wurden in einer Petition Berliner Buchhändler um Aufhebung, oder doch durchgreifende Reform des betreffenden Gesetzes im Jahre 1860 ausgeführt. Das Haus lehnte die gänzliche Aufhebung der Stempelsteuer mit Rücksicht auf die Finanzlage des Landes mit überwiegender Stimmenmehrheit ab, schloß sich jedoch dem Wunsche nach durchgreifender Reform des Gesetzes, und zwar unter Zuziehung betheiligter Gewerbetreibender, an. Diese Zuziehung ist denn auch in der Art erfolgt, daß in allen Provinzial-Hauptstädten Buchhändler und Zeitungsverleger vernommen worden sind, die sich zwar gegen jede Besteuerung der periodischen Presse erklärten, nebenher jedoch eventuelle Vorschläge machten, um die unerträglichen Härten des Gesetzes zu beseitigen. Die mit Benutzung dieser Vorschläge kurz vor dem Schlusse der letzten Session gemachte Regierungsvorlage ist nach den Abänderungsvorschlägen der Commission vom Hause angenommen worden. Die achtklassige Steuerscala, welche die Gefahr mit sich bringt, daß ein Zeitungsverleger, der die von ihm versteuerte Bogenzahl innerhalb eines Quartals zu überschreiten genöthigt war, plötzlich um Tausende gesteigert werde, war

*) In finanzieller Beziehung ist das angeführte Gesetz dadurch von hoher Bedeutung, daß es nicht allein die Staatskassen für die Zukunft der lästigen Verpflichtung enthebt, die ihnen aus der Verwaltung der von Beamten und Zeitungsverlegern eingezahlten baaren Beträge erwächst, sondern daß es auch den Staat allmählich von einer Schuld befreien wird, die nach ihrer Natur und ihrem Ursprung den gegründetsten Bedenken unterlag.

auch vom Rechtsstandpunkt nicht zu billigen, da man sich vielmehr darauf beschränken mußte, nur den wirklich bedruckten Flächenraum zu besteuern. Dieser einfache Grundsatz bildet die Grundlage des am 29. Juni publicirten Gesetzes, wonach jeder bedruckte Normalbogen mit Einem Pfennig besteuert werden soll. Ferner ist der Verkauf von einzelnen Zeitungsnummern ermöglicht und die vom wirthschaftlichen wie vom politischen Standpunkt gleich verwerfliche Vertheuerung unserer periodischen Presse auf dem auswärtigen Markt durch Rückvergütung der Steuer von allen in's Ausland versendeten Exemplaren einer steuerpflichtigen Zeitung ausgeglichen worden. Endlich hat der von den Buchhändlern geführte Nachweis, daß in Folge der Besteuerung unserer einheimischen belletristischen und gemeinnützigen Blätter dieser Zweig der buchhändlerischen Industrie des Inlandes bereits von unseren deutschen Nachbarn überflügelt worden sei, zu einer anderweitigen Abgrenzung der Steuerpflicht, die fortan mit der Cautionspflicht nicht mehr zusammenfallen wird, und dadurch zu einer Beseitigung der seit dem Erlaß des Gesetzes fortwährend erhobenen Beschwerden geführt.

Der pessimistischen Auffassung, daß das Haus der Abgeordneten, wenn es nicht die Steuer gänzlich abschaffen konnte, Unrecht gethan habe, das Gesetz von seinen Fehlern zu reinigen, weil ihm dadurch ein um so längerer Bestand gesichert sei, durfte die Volksvertretung die wesentlichen Verbesserungen nicht aufopfern, die das Gesetz unleugbar erfahren und die der gesammten politischen Presse, am wenigsten freilich denjenigen Blättern zu gute kommen, die in der niedrigsten und in der höchsten Steuerstufe stehen. Eine künftige Vertretung, die weniger Rücksicht auf einen Steuerausfall zu nehmen hat, als die gegenwärtige, möge durch allmähliche Herabsetzung der Steuer oder durch Aufhebung derselben das Begonnene weiter führen.

Von wie großer Bedeutung aber auch die Declaration des §. 54 des Preßgesetzes sein möge, so ist dieselbe doch nur, wie zur Zeit auch im Hause ausgesprochen worden ist, als die erste Vorbedingung zu einer Revision des Preßgesetzes zu betrachten. Die verstärkte Commission für Handel und Gewerbe hatte in ihrem Berichte über das Gesetz, Abänderung einiger Bestimmungen der Gewerbeordnung betreffend, die Aufhebung der §§. 1—4 des Preßgesetzes, d. h. den Wegfall der Concessionen und des Prüfungszwanges der Preßgewerbe beantragt. Ein eventueller Veränderungsvorschlag, den Beginn des Gewerbes als Buchhändler, Buchdrucker u. s. w. nur von dem Vollbesitz der bürgerlichen Ehre abhängig zu machen, ging neben diesem Antrag einher. Erst dann, wenn die Preßgewerbe unter die concessionsfreien Gewerbe aufgenommen oder nur noch durch das Vorhandensein einer Thatsache — den Vollbesitz der bürgerlichen Ehrenrechte — nicht mehr durch eine in das Ermessen der Polizei gestellte Genehmigung bedingt, wenn auch die von übermäßiger Härte nicht freie Strafe der Concessionsentziehung durch den Richter in Wegfall gekommen sein wird, — erst dann stehen sie der Verwaltung in derselben Unabhängigkeit wie andere Gewerbe gegenüber und bieten der freien Entwickelung der Presse eine völlig ausreichende Bürgschaft dar. Es war jedoch im Hause keine Neigung vorhanden, bei der Berathung eines vorzugsweise vom Handelsministerium ausgegangenen Gewerbegesetzes über eine von der Staatsregierung noch nicht vorbereitete, in das Ressort des Innern gehörige Materie, die allerdings sachgemäßer und erschöpfender im Zusammenhang mit allen übrigen Bestimmungen des Preßgesetzes behandelt wird, zu beschließen und hierdurch bei dem vorgerückten Zeitpunkt der letzten Session das Zustandekommen der wichtigen Vorlage in Frage zu stellen, die sich noch im ersten Stadium der Berathung befand. Eine auch nach anderen Richtungen nöthige Revision des Preßgesetzes, welcher der Minister des Innern sich später nicht entziehen zu wollen erklärt hat, wird daher zu den Aufgaben der künftigen Landesvertretung gehören.

XI. Der Artikel 12. der Verfassung.

Das Dissidententhum, welches in Preußen größtentheils durch den Druck und die Starrheit der kirchlichen Behörden hervorgerufen war, fand unter dem Ministerium Raumer-Westphalen, gegen den Sinn der Verfassung, eine so harte, willkürliche und zum Theil empörende Behandlung, daß die in einer Petition aus Königsberg erhobene Klage Gegenstand einer ausführlichen Verhandlung werden mußte. Die Minister des Cultus, der Justiz und des Innern erklärten, daß sie den Dissidenten die verfassungsmäßigen Rechte würden unverkümmert zu Theil werden lassen, und die Petitionen derselben wurden der Staatsregierung in der Erwartung zur Berücksichtigung überwiesen, daß baldigst eine gesetzliche Regelung der Verhältnisse derselben im Geist der Art. 12—16 der Verfassung herbeigeführt werde.

Diese Regelung ist noch nicht erfolgt. Das Haus der Abgeordneten hat es sich inzwischen angelegen sein lassen, die erneuerten in den Jahren 1860 und 1861 eingegangenen Petitionen einer gründlichen Prüfung zu unterziehen und den Beschwerden der Dissidenten, soweit sich dieselben auf Grund der bestehenden Gesetze erledigen ließen, gerecht zu werden.

Auch die staatsbürgerlichen Verhältnisse der Mennoniten wurden vom Hause in's Auge gefaßt und ein von einem Abgeordneten vorgelegter

Gesetzentwurf in Betreff derselben am 4. Juni d. J. der Staatsregierung mit der wiederholten Aufforderung überwiesen, ein die Verhältnisse der Mennoniten in Ausführung der Bestimmungen der Verfassung, mit ausdrücklicher Aufhebung der früheren Specialgesetze, regelndes Gesetz der Landesvertretung baldmöglichst vorzulegen.

In einer Reihe ausführlicher und besonders lebhafter Verhandlungen hat das Haus der Abgeordneten auf Veranlassung einiger Petitionen in den Jahren 1859 und 1860 die bürgerliche Gleichstellung der Juden zum Gegenstand seiner Berathungen gemacht. Noch bevor die erste derartige Petition in öffentlicher Sitzung zur Berathung kam, hatte die Regierung bereits auf Grund des Art. 12 der Verfassung die Zulassung jüdischer Rittergutsbesitzer zu Kreis- und Provinzial-Landtagen in einem an die Provinzialbehörden gerichteten Rescript angeordnet. Von Seiten der Feudalen wurde hiergegen die Behauptung aufgestellt, daß der Gegenstand der Beschwerde in Gemäßheit eines im Jahre 1858 gefaßten Beschlusses der früheren Landesvertretung nur im Wege der Gesetzgebung geregelt werden könne, da der Art. 12 zwar eine Maxime ausspreche, aber eines dieselbe ausführenden Specialgesetzes bedürfe, um in gesetzliche Kraft zu treten; die Regierung habe daher rechtswidrig gehandelt, als sie auf dem Wege des Rescripts in den bestehenden Rechtszustand eingriff. Die Zulassung der Juden zum Richteramt wurde von dem abgetretenen Justizminister und die Anstellungsfähigkeit derselben als Lehrer an Gymnasien vom Cultusminister bestritten, während derselbe die Möglichkeit ihrer Anstellung als Lehrer an Realschulen zugab, da der confessionelle Charakter der letzteren in der großen Mehrzahl rechtlich nicht festgestellt sei. Sowohl jene Behauptung der Feudalen als die Ausführung der beiden Minister wurden von allen Rednern der liberalen Partei bekämpft. Aus den im Laufe der Debatte abgegebenen Erklärungen anderer Minister ging hervor, daß der Anstellung von Juden im Staatsdienst in andern als den genannten Zweigen desselben nichts entgegenstehe. Das Haus hat die betreffenden Petitionen in zweimaliger namentlicher Abstimmung dem Staatsministerium zur Berücksichtigung überwiesen und dadurch ausgesprochen, daß die Unabhängigkeit der bürgerlichen und staatsbürgerlichen Rechte von dem religiösen Bekenntniß gesetzlich festgestellt sei.

In der letzten Session sind die denselben Gegenstand betreffenden Petitionen nicht mehr zur Verhandlung im Hause gekommen. Dagegen wurde mit Rücksicht auf eine fast von allen jüdischen Gemeinden der Monarchie unterzeichnete Petition von Seiten der Regierung ein Gesetzentwurf vorgelegt, welcher die Eingangs- und die Schlußformel der von Juden abzuleistenden Eide dahin normirt, daß sie in Zukunft: „Ich schwöre bei

Gott, dem Allmächtigen und Allwissenden" und „So wahr mir Gott helfe" lauten sollen. Durch die Aufhebung der entgegenstehenden Bestimmungen der Allgemeinen Gerichtsordnung werden die letzten Reste mittelalterlicher, aus dem Mißtrauen gegen die Glaubwürdigkeit Andersgläubiger entsprungener Unduldsamkeit aus der preußischen Gesetzgebung entfernt. Obgleich das Haus der Vorlage mit großer Majorität zugestimmt hatte, scheiterte das Zustandekommen des Gesetzes an dem Widerspruch des Herrenhauses.

Das Wächteramt über Art. 12 der Verfassung zu üben, wird, bis zur vollständigen Durchführung desselben, gewiß jedes Haus der Abgeordneten als eine heilige Pflicht erachten.

XII. Civilehe.

Wenn die Verfassung im Art. 19 die Einführung der Civilehe anordnet, so geschieht dies nicht aus theoretischen Gründen, sondern aus der praktisch gegebenen Voraussicht, daß die freie und selbständige Stellung, welche der Kirche eingeräumt ist, eine solche mit Nothwendigkeit fordere. Hat die Ehe einerseits eine bürgerlich-rechtliche Bedeutung und andererseits eine religiös-sittliche, kirchliche, so war es unvermeidlich und leicht vorauszusehen, daß Kirche und Staat auf diesem gemeinsamen Gebiete in Collisionen gerathen würden, so bald beide nicht mehr in der Hand eines absoluten Herrschers, sondern getrennt und selbständig neben einander bestanden. Thatsächlich traten solche Collisionen am grellsten bei der Wiedertrauung Geschiedener hervor. Wenn Tausende von Staatsbürgern, ein rechtsgültiges im Namen, des Königs gefälltes Urtheil der Scheidung mit der Berechtigung zur Wiederverheirathung in Händen, sämmtliche gesetzliche Bedingungen der Trauung erfüllen, trotzdem von einer Behörde und von einem Geistlichen zum andern umherirren und zur Begründung einer Ehe nicht gelangen können — wer kann da und selbst wenn nur Ein solcher Fall factisch vorläge — leugnen, daß Abhülfe dringend nothwendig ist! Muß nicht durch solche Vorgänge die Achtung vor dem Gesetz, muß nicht das sittliche Leben des Volks — denn Concubinate werden dadurch fast erzwungen — bis in die tiefste Wurzel erschüttert werden! Gleich nichtssagend, wie die Ableugnung des Bedürfnisses, sind die Ausführungen und Behauptungen derer, welche in der Civilehe Gefahr und Verderben für die Kirche sehen. Die Kirche wird vielmehr durch die Einführung einer bürgerlichen Begründung der Ehe erst recht zu ihrer Freiheit und Selbständigkeit erhoben, indem sie nunmehr unbehindert allein ihre confessionell-kirchlichen und sittlichen Grundsätze für die kirchliche

Begründung der Ehe aufzustellen berechtigt ist, ohne einen rechtlichen und sittlichen Schaden anzurichten. Bei den Verhandlungen über die Civilehe hat sich deshalb thatsächlich herausgestellt: die nach Freiheit und Selbständigkeit ringende Kirche verträgt und will die Civilehe, die Kirche aber, welche allein nach Herrschaft ringt über ihre Glieder, will sie nicht, weil sie dadurch ihr Princip durchbrochen sieht. Wie sehr aber auch Agitation, Beschränktheit und theologische Sophistik die Civilehe als den gefährlichsten Feind der Kirche darzustellen sich bemüht haben, ihre Einführung ist und bleibt eben so nothwendig, als heilsam für Kirche und Staat: es handelt sich lediglich um die Form, ob obligatorische oder facultative oder Nothcivilehe.

Die Einführung der Nothcivilehe würde bei der liberalen Mehrheit des Abgeordnetenhauses auf den entschiedensten Widerspruch gestoßen sein; sie ist mit der Würde des Staates gegenüber der Kirche, und mit dem gleichen Anrecht beider auf das Fundament der sittlichen Ordnung unvereinbar. Wenn das Abgeordnetenhaus in den beiden ersten Sessionen der abgelaufenen Legislaturperiode der von der Staatsregierung vorgeschlagenen Einführung der facultativen Civilehe, unter Sicherstellung derselben gegen jeden Makel einer unvollkommneren Form der Eheschließung, seine Zustimmung ertheilt hat, so hat die Majorität sich hierbei von der Erkenntniß leiten lassen, daß es sich um die Ergreifung des für's Erste allein erreichbaren und zwar eines mit den Interessen des Staates wie der einzelnen Person verträglichen Mittels zur Abstellung eines beklagenswerthen Zustandes handele. Abgesehen von denen, welche in der facultativen Civilehe das letzte Mittel erblicken, den Anforderungen des Staates vollständig Genüge zu leisten, ohne die Gewöhnung und die Sitte des Landes zu durchbrechen, haben auch die Anhänger der obligatorischen Civilehe, deren Anzahl im Verlauf der Jahre merklich gestiegen ist, der Regierungsvorlage fast ohne Ausnahme beigestimmt, weil unverkennbar für die Durchführung der obligatorischen Civilehe damals jede Aussicht fehlte, und das Land nur in dem Verlangen nach Herstellung eines geordneten Zustandes und nach Einschränkung der geistlichen Ueberhebung über die nothwendigen Verpflichtungen gegen den Staat einig war.

Die Geschichte des Gesetzes ist bekannt, sie ist nur eine Geschichte seiner Leiden. Die Verwerfung der Vorlagen im Herrenhause hat die Nothwendigkeit einer Lösung des Conflictes zwischen Staat und Kirche nicht beseitigt. Das Land ist zu der Erwartung berechtigt, daß nicht blos durch Verwaltungsmaaßregeln das Vorkommen von Conflictsfällen gemindert, sondern daß denselben durch eine grundsätzliche und gesetzliche Regelung der Civilehe vorgebeugt werde.

XIII. Unterrichtswesen.

Auf dem Gebiete des Unterrichtswesens ist, wenn die Zeit vor der letzten Legislaturperiode mit der gegenwärtigen verglichen wird, eine wesentliche Umwandlung eingetreten, deren Bedeutung erst die nächste Zukunft zum allgemeinen Bewußtsein und zur Anerkennung bringen wird. Vornehmlich ist die Stellung geändert, welche Verwaltung und Gesetzgebung zu dem in der Verfassung verheißenen Unterrichtsgesetze einnahmen. — Wie bekannt, war von dem Minister von Raumer der Erlaß dieses Gesetzes in unabsehbare Ferne geschoben und jedes Bedürfniß zur Ausführung der im Art. 26 der Verfassung vorgeschriebenen gesetzlichen Regelung des Unterrichtswesens in Abrede gestellt worden. Eines legislativen Monologs in der Verfassung wegen den Nichterlaß des Unterrichtsgesetzes noch besonders zu rechtfertigen, erschien ihm und der damaligen Majorität kaum der Mühe werth. Uebrigens war man um Gründe auch nicht verlegen; wenn durchaus ein Unterrichtsgesetz erlassen werden sollte, — wurde behauptet — so könne dasselbe doch nichts weiter sein, als eine schlichte Zusammenfassung der bestehenden Bestimmungen und Verwaltungsgrundsätze über einige Zweige des Unterrichtswesens. Inzwischen aber trug das Ministerium Raumer Sorge, das Bestehende nicht bestehen zu lassen, das innere Leben der niederen und höheren Schulen in seinem Geiste umzuwandeln und auf dem ausschließlich der Verwaltung vindicirten Gebiete tief einschneidende Regulirungen vorzunehmen.

Der Erfolg der letzten Legislaturperiode besteht darin, daß in Folge der entschiedenen Stellung, welche das Abgeordnetenhaus von Anfang bis zu Ende zu der Frage eingenommen hat, das Unterrichtsgesetz von der Staatsregierung wie von der Landesvertretung als eine unerläßliche, dringende Aufgabe der Gesetzgebung wieder anerkannt und deren Lösung in die nächste Nähe gerückt ist. Am Schlusse der in der zweiten Session im Hause und in der Unterrichtscommission stattgefundenen Verhandlungen gab der Unterrichtsminister die Erklärung ab, daß er von der Nothwendigkeit des möglichst schleunigen Erlasses eines allgemeinen Unterrichtsgesetzes überzeugt worden sei, nicht blos in Bezug auf die äußeren Verhältnisse, sondern um der inneren Fragen und der immer wiederkehrenden Kämpfe willen, die sich auf die Stufe und auf die Richtung der Bildung beziehen, welche anzustreben ist. Er verpflichtete sich, die Ausarbeitung des Gesetzes vom Schlusse des Landtages an auf das Nachdrücklichste zu betreiben. Daß diese mit großen Schwierigkeiten verknüpfte Arbeit nicht schon bis zur letzten Session vollendet werden konnte, darf nicht Wunder nehmen. Das Abgeordnetenhaus hat jedoch auch in der letzten Session wieder die „bestimmte Erwartung ausgesprochen, daß die Staatsregierung in endlicher Ausführung des Art. 26 der Verfassungsurkunde ein Gesetz, betreffend die Regelung des ganzen Unterrichtswesens, in der nächsten Session vorlegen werde.“ Sind die in die Oeffentlichkeit gedrungenen Nachrichten, wie nicht zu bezweifeln, richtig, so ist der Entwurf der Gesetzesvorlage bereits den Provinzialbehörden zur Aeußerung zugefertigt und mit Sicherheit zu erwarten, daß der Minister sein verpfändetes Wort in kürzester Frist einlösen wird. Findet aber wirklich das lange vertagte Werk in der nächsten Legislaturperiode den erwünschten Abschluß, so wird damit nur geerntet, was die letzte Legislatur gesäet hat.

Für die Stellung der liberalen Mehrheit zu dem bedeutendsten Unternehmen des von Raumer'schen Ministerii, den Regulativen vom 1., 2. und 3. October 1854, war die Entscheidung der Frage maaßgebend: ob der Erlaß der Regulative für verfassungswidrig zu erachten sei. Die liberale Partei hat diese Frage, nach der Natur derselben, als eine Frage des inneren Staatsrechtes aufgefaßt, und sie nur nach dem wahrhaften Sinne der in der Verfassung niedergelegten Rechtsgrundsätze entscheiden zu dürfen geglaubt. Ob die Regulative von Hause aus ein Werk der Reaction waren, ob sie in noch höherem Grade zum Werkzeuge kirchlicher und politischer Reaction gemißbraucht wurden, darauf ließ sich der Spruch über ihre Verfassungswidrigkeit nicht gründen. In der Sitzung vom 21. Mai 1860 hat das Haus mit großer Majorität sich gegen die sofortige Beseitigung der Regulative als verfassungswidriger Erlasse ausgesprochen, weil nach Art. 112 der Verfassung bis zur Emanation des Unterrichtsgesetzes die bisherigen Gesetze in Kraft geblieben und mit letzteren die Regulative nicht unvereinbar sind. Es mag bemerkt werden, daß auch von Seiten der am weitesten fortgeschrittenen Liberalen zu keiner Zeit ein wirklicher Beweis der Verfassungswidrigkeit der Regulative angetreten ist. Der Umstand, daß es in der Absicht des früheren Ministeriums lag, das Unterrichtsgesetz überhaupt nicht zu erlassen, kann, so verfassungswidrig auch diese Absicht ist, doch nimmermehr die Regulative selbst als verfassungswidrig erscheinen lassen. Denn daraus, daß jenes Ministerium sich einer verfassungswidrigen Unterlassung schuldig machte, folgt nicht die Verfassungswidrigkeit dessen, was es leider nicht unterließ und durch kein vorhandenes Gesetz zu thun gehindert war — so sehr auch beides, seine Thaten wie seine Unterlassungen, aus einem und demselben Geiste entsprungen sein mögen.

War hiermit entschieden, daß die liberale Partei die sofortige Zurücknahme der Regulative auf Grund der Verfassung zu fordern nicht berechtigt sei, so standen auch der politischen Zweckmäßigkeit einer solchen Forderung die erheblichsten Bedenken entgegen. Offenbar konnte doch nur das Unterrichtsgesetz erst den Boden für eine wirklich befriedigende Ordnung des Volksschulwesens schaffen. Die sofortige Beseitigung der Regulative ließ sich gar nicht ausführen, ohne entweder das Volksschulwesen der Verwirrung Preis zu geben und jeder neuen Willkür der Aufsichtsorgane freien Lauf zu verstatten, oder aber dasselbe noch einmal einer Regelung im Verwaltungswege durch neue, durchgreifende Bestimmungen zu unterwerfen. Dies zu vermeiden, und mit aller Macht vor Allem auf das Unterrichtsgesetz loszusteuern, war sicherlich das Richtigere im Vergleich zu einem politischen Machtspruch gegen die Regulative. Der Ersatz der Regulative durch die freisinnigsten und wohlwollendsten Verwaltungsanordnungen vor dem Erlaß des Unterrichtsgesetzes wäre ein größeres Uebel gewesen, als das Fortbestehen derselben bis zu dem in sicherer Aussicht stehenden Eintritt des neuen Unterrichtsgesetzes.

Nichts desto weniger durfte die liberale Partei nicht unterlassen, auf die Abstellung begründeter Beschwerden des Landes über den Inhalt der Regulative, auf eine kräftigere Verhinderung jeder mißbräuchlichen, über das Ziel hinausgehenden Auslegung und Anwendung derselben seitens der unteren Aufsichtsbehörden zu dringen. Schon in der ersten Session wurde gegen die Staatsregierung die Erwartung ausgesprochen, daß dieselbe Sorge tragen werde, den vielfach hervorgetretenen Klagen über die Ueberlastung der Elementarschulen mit zu vielem religiösen Memorirstoff Abhülfe zu gewähren. Darauf erschien im November 1859 ein Erlaß des Unterrichtsministers, welcher dieser Erwartung entsprechen sollte und in der That der erste Schritt zu einer veränderten Stellung der Regierung zu den Regulativen war. Während bis dahin nur die eine Forderung galt, daß Lehrer und Schulinspectoren sich immer mehr in den unergründlich tiefen Geist der Regulative versenken sollten, und diese Versenkung zu einem wahren Wettlauf in Steigerung des Gedächtnißwerkes im Religionsunterricht und in krankhafter Verknüpfung anderer selbstberechtigter Unterrichtsstoffe mit religiösen Beziehungen, Bibelsprüchen u. dergl. geführt hatte, trat in jenem Erlasse, wenn auch vorerst in bescheidenster Form, die Forderung des Maaßhaltens auf, und wurde allmählich das Gewicht auf die gesunden Bestandtheile der Regulative, ja selbst auf ihre Fortentwickelung gelegt.

Daß in der That dadurch schon die nothwendige Abhülfe gewährt sei, konnte freilich um so weniger angenommen werden, als viele Wahrnehmungen dafür sprachen, daß manche Organe der Schulaufsicht weit langsamer zum Rückzuge von dem eroberten Gebiete sich anschickten, als sie auf demselben vorgedrungen waren, manche sogar aus der Niederlage einen Sieg zu machen versuchten. Nach den eingehenden Verhandlungen des zweiten Sitzungsjahres sah das Haus sich deshalb veranlaßt in dem Beschlusse vom 21. Mai 1860 wiederholt die Verminderung des religiösen Memorirstoffes in der Elementarschule der Staatsregierung zu fortgesetzter Erwägung zu empfehlen.

Daneben waren nun aber auch die Regulative über die Präparandenbildung und den Seminarunterricht in den Kreis der Berathungen gezogen. Die liberale Partei war darin einig, daß durch diese Regulative das Maaß der Bildung, welche der preußische Staat von den Lehrern des Volkes fordern muß, ungebührlich verengert wird, indem, zu Gunsten der praktischen Fertigkeit zum Schulehalten, die Weckung und Ausbildung geistigen Lebens hintangesetzt ist. Gerade die Normen für die Ausbildung der Jünglinge und jungen Männer, denen die Schulen demnächst anvertraut werden sollen, liefern den Beweis, daß die Schöpfer der Regulative ihre Absicht in befangener Einseitigkeit nur auf die Entwickelung der Tugenden der Unterwürfigkeit im Volke gerichtet hatten. Die nothwendigeren Tugenden eines freien Volkes, die Energie des Verstehens und Wollens, auf welche die Herrschaft über die Erde sich gründet, ohne daß darum der Himmel verloren zu werden braucht, wurden vernachlässigt, ja — man denke an den Ausschluß der klassischen Literatur zu Gunsten der sogenannten Volks- und der Missionsschriften — fast verächtlich behandelt. Daher erklärt sich, daß das Seminar seine Leistungen nicht viel weiter ausdehnte, als gerade nothwendig war, damit der angehende Lehrer das lerne und in der Weise lerne, was und wie er es in der einklassigen Elementarschule wieder lehren soll. Es ist nicht einmal nöthig daran zu erinnern, daß es neben der einklassigen doch auch viele mehrklassige Volksschulen und eine große Anzahl Bürgerschulen giebt. Ob den Anforderungen, welche im Interesse der letzteren an die Lehrerbildung zu machen sind, noch ferner von den Seminarien genügt würde, ob für solche Schulen auch künftig genügend vorbereitete Lehrer aus den Seminarien hervorgehen würden, das blieb von dem besonderen Talent und dem Privatfleiß der Einzelnen abhängig.

Die liberale Mehrheit hat sich deshalb nicht nur gegen die Ueberbürdung der Seminar-Präparanden mit Gedächtnißwerk, sondern zugleich für die Nothwendigkeit einer Steigerung der Leistungen in den Seminarien erklärt. Der Beschluß des Hauses spricht jedoch, getreu dem oben dargelegten Grundsatze, aus, daß man die Entscheidung und definitive Regelung auch dieser Frage durch die schleunige Vorlegung des Unterrichtsgesetzes erwarte.

Neben der Sorge für die geistige Ausbildung der künftigen Lehrer, ist die Sorge für deren angemessene Besoldung von entscheidender Bedeutung für die Erziehung der Nation. Beides steht in der engsten Wechselwirkung. Je tiefer die Stellung der Lehrer in pecuniärer Beziehung herabgedrückt wird, um desto seltener werden sich dem Lehrerberuf, um nur Eins anzuführen, auch solche Jünglinge zuwenden, welche die so wünschenswerthe Vorbereitung des Gymnasial- oder Realschulunterrichts genossen haben. Die Festsetzung gewisser Grenzen für die geringsten auskömmlichen Lehrerbesoldungen, sowie die Ordnung der den unvermögenden Gemeinden und Schulverbänden zu leistenden Beihülfe wird das Unterrichtsgesetz enthalten müssen. Verschiedene Petitionen theils wegen Erhöhung der Lehrerbesoldungen, theils wegen Regelung des Pensionswesens und wegen ausreichender Unterstützung der Lehrer-Wittwen und Waisen sind der Staatsregierung zur Berücksichtigung überwiesen. Ein in der letzten Session eingebrachter Antrag wegen Errichtung von Pensionskassen für die Wittwen und Waisen der Elementarlehrer aller Confessionen kam im Hause nicht mehr zur Erledigung.

Endlich ist noch der Verhandlungen zu gedenken, welche im Laufe der ersten Session in Betreff der den Realschulen während der Raumer'schen Verwaltung entzogenen Berechtigungen stattfanden. Die Realschulen sind durch das Bürgerthum begründet und werden fast ausschließlich von den Städten erhalten. Ihre staatlichen Berechtigungen wurden ihnen durch die Verordnung vom 8. März 1832 gegeben und garantirt. Seit dem Jahre 1850 stellte indessen der Handelsminister immer höhere Forderungen an diese Schulen, wodurch sich die Organisation derselben erweiterte und den Städten größere Geldopfer für die Lehrkräfte auferlegt wurden. Trotzdem errichtete das Handelsministerium Provinzial-Gewerbeschulen mit Berechtigungen für den einjährigen Militärdienst und den Eintritt in's Gewerbe-Institut, welche denen der Realschulen weit voranstanden. Seit dem Jahre 1855 aber traf sie, obwohl sie sich bemüht hatten, jenen Forderungen mit Eifer und Opfern nachzukommen, ein Schlag nach dem andern durch Entziehung und Verkümmerung ihrer bisherigen Berechtigungen für die Bauakademie, für die höheren Aemter des Bergfaches und für den Postdienst. Der Unterrichtsminister v. Raumer enthielt sich jeder Intervention zu Gunsten der seinem Schutze vornehmlich anvertrauten Lehranstalten, ja, als er um denselben angegangen wurde, begnügte er sich zu antworten, daß ihm die Gründe für die eingetretenen Beschränkungen „nicht vollständig bekannt seien."

Bei solcher Behandlungsweise mußten die Realschulen ihrem Untergange entgegen gehen, und in der That wurden die oberen Klassen leer und eine Anzahl von Realschulen wandelte sich in Gymnasien um. Je mehr das Bedürfniß, die Zweckmäßigkeit und die Nothwendigkeit besonderer Realschulen von dem Abgeordnetenhause anerkannt wurde, um so entschiedener sprach sich auch dasselbe für sie aus. Unter Zustimmung des Unterrichtsministers wurde deshalb die gesetzliche Feststellung der den Realschulen zustehenden Befugnisse zwar dem zu erlassenden Unterrichtsgesetze vorbehalten, zur sofortigen Abhülfe aber der Antrag angenommen, „daß die Staatsregierung bis dahin den Realschulen die ihnen entzogenen Rechte im vollen Umfange wieder gewähren werde." —

XIV. Rechtswesen.

Wenn die constitutionelle Partei es für eine ihrer wichtigsten Aufgaben und vielleicht für die wichtigste halten muß, die Wahrung der verfassungsmäßigen Rechtsordnung und deren zeitgemäße Fortbildung sich angelegen sein zu lassen, also den Rechtsstaat in seiner consequenten Durchführung für Preußen herzustellen, so ergiebt sich daraus für die parlamentarische Thätigkeit eine Fülle von Zielen und Bestrebungen, welche nicht durch vereinzelte Leistungen auf dem Gebiete der Gesetzgebung und Verwaltung, sondern nur durch ein beharrlich fortgesetztes Wirken erreicht werden kann. Nimmt man nun noch hinzu, daß bei der Durchführung dieser Aufgabe nicht allein die Rücksichten der Zweckmäßigkeit und einer abstracten Gerechtigkeit in's Auge zu fassen sind, sondern daß auch auf eine wahrhaft volksthümliche Gestaltung unseres Rechtswesens hinzuwirken ist, und daß das hohe Ziel einer ganz Deutschland umfassenden nationalen Rechtseinheit kräftig erstrebt werden muß: so wird man bei der Beantwortung der Frage, was von dem Abgeordnetenhause in seiner letzten Legislaturperiode auf diesem Gebiete geleistet worden ist, ein billiges Maaß anzulegen sich veranlaßt finden.

Die parlamentarische Thätigkeit ist aber gerade in dieser Richtung nicht auf das reine Rechtsgebiet beschränkt. Die Gesetzgebung über manche Theile des öffentlichen und des Privatrechts, z. B. über die Ehe, das Gemeindewesen, den Bergbau, erhält durch die besondere Beschaffenheit des Gegenstandes einen eigenthümlichen Charakter, welcher in formeller und materieller Hinsicht berücksichtigt werden muß. Insoweit es sich aber darum handelt, die verfassungsmäßige Controlle des Abgeordnetenhauses über die Verwaltung auszuüben, ist es dessen Pflicht, die Wahrung des Rechts nach den verschiedensten Seiten des öffentlichen Lebens zu überwachen, und, wenn es nöthig ist, für dieselbe mit den verfassungsmäßigen Mitteln einzuschreiten.

Daß das Abgeordnetenhaus es namentlich in dieser letzten Beziehung nicht an sich hat fehlen lassen, zeigt vor Allem die eingehende und unabhängige Behandlung der in so großer Anzahl bei demselben eingereichten Petitionen, deren viele nach sorgfältiger Prüfung der Staatsregierung zur Berücksichtigung oder zur Abhülfe überwiesen worden sind. Aber auch, wo sonst in specieller Beziehung auf die Justizverwaltung Uebelstände sich herausstellten, wurde auf die Beseitigung derselben Bedacht genommen. So erschien das Einrücken richterlicher Beamte in die etatsmäßigen Gehaltserhöhungen nicht nach festen Rechtsgrundsätzen geordnet, und es sind deswegen in den Jahren 1859 und 1860 Beschlüsse gefaßt worden, welche die als nothwendig bezeichnete Abhülfe herbeigeführt haben. Außerdem hat das Haus die ordnungsmäßige Verwaltung der Justizbaufonds zum Gegenstand seiner besonderen Aufmerksamkeit gemacht, und auf die Nothwendigkeit der gesetzlichen Regulirung der Einzelhaft ist mit Nachdruck hingewiesen worden.

Auf dem Gebiete der eigentlichen, zum ausschließlichen Ressort des Justizministeriums gehörigen Rechtsgesetzgebung hatte der Landtag in den beiden ersten Jahren der Legislaturperiode über die geringe Initiative der Staatsregierung sich zu beklagen; nach der Eröffnung des Landtages von 1861 durfte daher in der Adresse auf die Thronrede nicht verschwiegen werden, daß eine erhöhte Thätigkeit der Gesetzgebung unerläßlich sei, um den Ausbau der Verfassung zu vollenden und eine richtigere Abgrenzung der Gebiete der Justiz und Verwaltung herbeizuführen.

Dieser Erwartung hat nun die Staatsregierung während des diesjährigen Landtages in anerkennenswerther Weise entsprochen. Das lange und sorgfältig vorbereitete Werk des gemeinsamen deutschen Handelsgesetzbuches ist für Preußen zum Abschluß gebracht worden und die wichtige Gesetzgebung über die Reform des bürgerlichen Processes ist wenigstens in das Stadium der vorbereitenden Bearbeitung getreten; Anderes, namentlich die Aufhebung des Lehnverbandes und die Reform der Hypotheken- und Subhastationsordnung hat im Abgeordnetenhause eine Anregung gefunden, welche hoffentlich ihre Früchte tragen wird.

Unter den eigentlichen Verfassungsgesetzen erschien vor Allem die Einbringung eines Gesetzentwurfes über die Verantwortlichkeit der Minister als eine Pflicht, ja als eine Ehrenschuld der Staatsregierung. Da diese auch in der letzten Sitzungsperiode einen solchen Entwurf nicht vorlegte, so konnte es sich für das Abgeordnetenhaus nur darum fragen, ob es in diesem Fall von seinem Rechte der Initiative Gebrauch machen oder auf die Vorlegung eines Gesetzentwurfes von Seiten der Staatsregierung dringen sollte. Im ersteren Sinne ward eine im Jahre 18$\frac{50}{51}$ von der Staatsregierung eingebrachte Gesetzesvorlage von mehreren Abgeordneten zum Gegenstande eines selbständigen Antrages gemacht; aber gegen die Annahme dieses Entwurfes sprach die nicht befriedigende Fassung desselben, die Kürze der noch zur Verhandlung freien Zeit und besonders der Umstand, daß die Staatsregierung sich bereit erklärte, in der nächsten Session eine Gesetzesvorlage über die Verantwortlichkeit der Minister zu machen. Das Abgeordnetenhaus sprach demnach die Erwartung aus, daß dies in Ausführung des Art. 61 der Verfassungsurkunde geschehen werde.

Von den durch die Staatsregierung eingebrachten Gesetzesvorschlägen sind besonders diejenigen hervorzuheben, welche sich auf die Erweiterung des Rechtsweges im Gegensatz zu der sogenannten Administrativjustiz und auf die Competenzconflicte zwischen Justiz- und Verwaltungsbehörden beziehen. Es sind hier drei verschiedene Entwürfe zu unterscheiden.

Der Eine handelt über die Erweiterung des Rechtsweges, und hat es zum leitenden Princip gemacht, daß die Zulässigkeit des Rechtsweges überall da die Regel bilde, wo Jemand in seinen Privatrechten, d. h. in seiner individuellen Rechtssphäre, dem Gesetze gegenüber, verletzt zu sein behauptet, und daß, wo das bestehende Recht nach dieser Seite hin Beschränkungen statuirt habe, dieselben zu beseitigen seien, soweit dieses mit dem öffentlichen Wohle vereinbar erscheint.

Dies Princip ist dann in folgenden Beziehungen zur Anwendung gebracht worden:

1) In Betreff der Ansprüche der Staatsbeamten wegen ihrer Diensteinkünfte. Es soll namentlich über Ansprüche auf Besoldung, Pension oder Wartegeld fortan der Rechtsweg stattfinden.

2) In Beziehung auf öffentliche Abgaben im Allgemeinen. Der Entwurf hat hier die richterliche Competenz insoweit erweitert, als er eine Klage auf Erstattung der gezahlten Abgabe, die bereits früher getilgt oder bereits verjährt war, gewährt und den Rechtsweg eröffnet, wenn behauptet wird, daß die geforderte Abgabe keine öffentliche sei, sondern auf einem aufgehobenen privatrechtlichen Fundamente, insbesondere auf einem früheren guts-, schutz- oder grundherrlichen Rechte beruhe.

3) Betreffend die Stempelsteuer. Jeder, der zur Entrichtung eines Werthstempels oder anderen Vertragsstempels nicht verpflichtet zu sein behauptet, soll eine Civilklage deswegen anstellen können.

4) In Beziehung auf Kirchen-, Pfarr- und Schulabgaben. Unter theilweiser Aufhebung der Cabinets-Ordre vom 19. Juni 1836 sollen nur diejenigen der genannten Abgaben, welche auf einer allgemeinen gesetzlichen Verbindlichkeit oder einer Anordnung der aufsichtführenden Regierung beruhen, den öffentlichen Abgaben hinsichtlich der Beschränkung des Rechtsweges gleichgestellt sein.

Das Abgeordnetenhaus schloß sich, unter Hinzufügung einzelner Abänderungen, dem Princip des Gesetzentwurfes und seiner Durchführung an, und derselbe ist in dieser verbesserten Gestalt zur gesetzlichen Geltung gelangt.

Der zweite Entwurf über die Zulässigkeit des Rechtsweges in Beziehung auf polizeiliche Verfügungen ist leider in der mit Geschäften überhäuften Justizcommission des Abgeordnetenhauses nicht erledigt worden. Die Staatsregierung wird denselben unzweifelhaft dem nächsten Landtage wieder vorlegen, und das für den Rechtsschutz der Staatsbürger so wichtige Gesetz dann hoffentlich zu Stande kommen.

Der dritte Entwurf handelt von der gerichtlichen Verfolgung von Beamten wegen Amts- und Diensthandlungen. Derselbe ist zunächst gegen das Gesetz vom 13. Februar 1854 gerichtet, welches im Fall einer gerichtlichen Verfolgung von Civil- oder Militär-Verwaltungsbeamten wegen Amts- oder Diensthandlungen die Erhebung des Competenzconflicts, um den Rechtsweg auszuschließen, gestattet. Unter Aufhebung dieses Gesetzes ward das Princip aufgestellt, daß in den genannten Fällen die gerichtliche Verfolgung auf die geeigneten Anträge unbehindert eingeleitet, und nur die vorgesetzte Dienstbehörde des unter Verfolgung gesetzten Beamten zur Wahrung des öffentlichen Interesses gleichzeitig davon benachrichtigt werden solle.

Das Haus der Abgeordneten hat sich auch mit dieser Gesetzesvorlage im Wesentlichen einverstanden erklärt, und nur in Beziehung auf die Behörde, welche über die Verfolgung von Personen des Soldatenstandes entscheiden soll, eine Abänderung beschlossen. Außerdem aber drängte sich die Erwägung auf, daß bei der abhängigen amtlichen Stellung der Staatsanwaltschaft das ganze Gesetz illusorisch gemacht werden könnte, wenn die Erhebung der Anklage ausschließlich von dem Ermessen der letzteren abhängig gemacht würde, und es wurde daher die Resolution beliebt, die Erwartung auszusprechen, daß die Staatsregierung baldmöglichst ein Gesetz vorlegen werde, durch welches das ausschließliche Anklagerecht der Staatsanwaltschaft modificirt wird. Die Verhandlungen über diese, für das Strafverfahren überhaupt principiell wichtige Resolution werden hoffentlich die Veranlassung geben, das Recht der Privatanklage in der geeigneten Weise gesetzlich festzustellen. Leider ist aber diese Anregung zu einer künftigen Verbesserung der ganze Erfolg der schwer wiegenden Gesetzesvorlage gewesen, da das Herrenhaus derselben seine Zustimmung verweigert hat, und sie also in dieser Session noch nicht zur gesetzlichen Geltung hat gelangen können.

XV. Allgemeines deutsches Handelsgesetzbuch.

Als der Justizminister am 4. April d. J. den Entwurf des allgemeinen deutschen Handelsgesetzbuches dem Hause vorlegte, wurde diese Mittheilung mit lebhaften Zeichen des Beifalls aufgenommen, obgleich derselbe dabei die Hoffnung aussprach, daß der Entwurf ganz so, wie er aus den Nürnberger und Hamburger Verhandlungen hervorgegangen sei, die Zustimmung beider Häuser des Landtages finden werde. Daß die gesetzgeberische Thätigkeit des Hauses für „das so wichtige, täglich sich erweiternde Gebiet der commerciellen und industriellen Interessen“ durch die demselben angesonnene unveränderte Annahme des Entwurfs auf Null reducirt werde, lag zu Tage. Wenn man gleichwohl, ohne Eifersucht auf die geschmälerten Rechte der Volksvertretung, von vornherein entschlossen war, die Enbloc-Annahme zu bewilligen, so ging diese Haltung des Hauses aus der in der Nation lebenden Sehnsucht nach deutscher Rechtseinheit hervor, der bereits in der Adresse des Hauses ein Ausdruck gegeben war. Es erfüllte das Haus mit gerechtem Stolze, in einer großen vaterländischen Angelegenheit voranschreiten, und durch die Resignation, die es selbst übte, die übrigen deutschen Kammern zur Nachfolge veranlassen zu können. Aber auch das gewichtige Bedenken kam zum Bewußtsein, daß, wie der Commissionsbericht sich ausdrückt, durch den eingeschlagenen Weg ein Vorgang statuirt würde, der vielleicht nach Umständen zum öftern wiederholt werden könnte oder sollte. Nur als ein Ausnahmefall daher könne der Verzicht des Hauses auf die Vornahme von Abänderungen der Vorlage betrachtet, nur in der Ueberzeugung könne er zugelassen werden, daß auf diesem Wege ein Resultat erreicht werde, welches, indem es das nationale Einheitsgefühl stärke, auch mächtig dazu mitwirken werde, den Mangel einer staatlichen Organisation für die Gesetzgebung in allgemeinen deutschen Angelegenheiten zu beseitigen. „Die Rechte der Volksvertretung,“ fährt der Bericht fort, „würden auf eine unverantwortliche Weise verkümmert werden, wenn es, ähnlich wie dies bereits bei der Zollgesetzgebung innerhalb des Zollvereines der Fall ist, auch bei der das materielle und Proceßrecht betreffenden Gesetzgebung zur Regel werden sollte, daß Gesetzentwürfe, weil sie für ganz Deutschland bestimmt sind, nur im Ganzen und Großen geprüft und, weil die völlige Ablehnung nicht rathsam erscheint, nur ohne Abänderung im Einzelnen angenommen werden müßten. Der vorliegende Fall giebt dringende Veranlassung, wiederum das lebhafteste Bedauern auszusprechen, daß es noch immer nicht gelungen ist, für die vielfachen gemeinsamen Angelegenheiten der Staaten des deutschen Bundes eine politische Organisation zu schaffen, bei der neben einer starken, einheitlichen Bundesregierung in Fragen der Gesetzgebung eine gemeinsame Volks- und Staatenvertretung entscheidend mitzuwirken hat. Im Schooße der Commission wurde das Verlangen nach einer gemeinsamen Volksvertretung bei dieser Gelegenheit vielfach und lebhaft an den Tag gelegt, und es beruht auf einem einstimmigen Beschlusse derselben, daß diesem Verlangen in dem Berichte an das Haus Ausdruck gegeben wird."

Obgleich der Entwurf erst am 4. April und das Einführungsgesetz am 29. April d. J. eingebracht wurden, ist es doch den angestrengten Arbeiten der Commission gelungen, noch zur rechten Zeit den Bericht zu erstatten, der sich natürlich nur auf die Beantwortung der Frage beschränken konnte, ob der Entwurf solche Bestimmungen enthalte, welche seine unveränderte Annahme nicht rathsam erscheinen lassen. Man gewann aber bald die Ueberzeugung, daß man es mit einer gesetzgeberischen Arbeit zu thun habe, welche den ihr vorangegangenen Ruf der Gediegenheit rechtfertige, daß die Vortheile einer einheitlichen Gesetzgebung für den deutschen Handel schwer genug in's Gewicht fallen, um die Zweifel und Bedenken mehr als aufzuwiegen, die sich gegen einzelne Bestimmungen des Gesetzes erhoben, daß eine Abänderung, die auf dem Boden des preußischen Rechtes eine Verbesserung sei, das Gesetz für Hamburg und Stuttgart vielleicht unannehmbar machen werde, daß es endlich bei der Mannichfaltigkeit sich durchkreuzender Interessen, die durch das Haus der Abgeordneten im Vergleiche mit den einseitigen Interessen vertreten werden, welche die Ständeversammlungen der Mittel- und Kleinstaaten zu beherrschen pflegen, recht eigentlich die Aufgabe der preußischen Vertretung sei, ihr Votum rasch und entschieden abzugeben.

Auf den materiellen Inhalt des Entwurfes einzugehen, ist um so weniger am Orte, als derselbe ja nicht die selbständige Thätigkeit des Hauses in Anspruch genommen hat. Das Einführungsgesetz enthält meist formale Bestimmungen, die bei der Uebertragung des neuen Gesetzes auf den vorhandenen Rechtszustand Lücken auszufüllen, Erklärungen zu geben, Anordnungen zu treffen bestimmt sind. Bei der Prüfung hielt man den Gesichtspunkt fest, hierbei nur das zur Erreichung des Zweckes Unentbehrliche festzustellen, solche Vorschläge aber gänzlich auszuscheiden, zu deren Erörterung die Einführung des Handelsgesetzbuchs keine ausreichende Veranlassung darbot. So wurde die Bestimmung beseitigt, daß die Börsenordnungen von dem Handelsminister erlassen werden, vielmehr nur die Genehmigung desselben für die aus der Autonomie der Corporation hervorgehenden Börsenordnungen vorbehalten. Ebenso ist der §. 4 der Vorlage gestrichen worden, nach welchem für die Kaufleute eines Ortes oder einzelne Klassen desselben durch königliche Verordnung der Zwangsbeitritt zu den kaufmännischen Corporationen sollte ausgesprochen werden dürfen. Auch dem Art. 69 der Vorlage, der den über Commanditgesellschaften auf Actien erlassenen Vorschriften des Handelsgesetzbuches rückwirkende Kraft auf die bereits vorhandenen Gesellschaften dieser Art beilegen wollte, wurde, als einem unbilligen Eingriff in die Rechte bestehender Institutionen, die Zustimmung versagt.

Das deutsche Handelsgesetzbuch wird am 1. März 1862 gültiges preußisches Landesgesetz und wird außer dem Segen, den jedes deutsche Gesetz mit sich führt, unserem Lande auch die längst ersehnten Handelsgerichte mit kaufmännischen Beisitzern bringen. Denn in Bezug auf die hierauf gerichtete Resolution hat der Vertreter des Justizministeriums die Erklärung im Schooße der Commission abgegeben, daß die Regierung in der nächsten Sitzungsperiode des Landtages ein Gesetz im Sinne der Resolution vorlegen werde.

XVI. Militäretat.

Die schwierigste Aufgabe, welche dem Hause der Abgeordneten in der vergangenen Session gestellt wurde, lag in den Vorlagen zur Reform unserer Militärverfassung, welche die Regierung am 9. Februar 1860 in das Haus einbrachte. Die vorgeschlagenen Aenderungen stellten eine eingreifende Umwandlung unseres Wehrsystems in Aussicht. Die Linienarmee sollte um 117 Bataillone und 72 Schwadronen verstärkt, die Reservepflicht um drei Jahre verlängert, die Dienstzeit der Cavallerie auf vier Jahre ausgedehnt werden. Dagegen sollte die Landwehr, aus dem Verbande des stehenden Heeres gelöst, in das Verhältniß der Landwehr zweiten Aufgebots zurücktreten; die Landwehrcavallerie sollte aufhören zu existiren.

Es war nicht zu verkennen, daß die Lage Europas eine Stärkung der Wehrkraft Preußens dringend wünschenswerth machte, daß die Sicherheit Preußens stärkere Garantien verlangte als bisher. Als die geltende Wehrverfassung geschaffen wurde, stand Preußen in jener festen Verbindung mit Oesterreich und Rußland, in welcher so eben die großen Siege über Frankreich erfochten worden waren. Wie schädlich diese Allianz unserer inneren Entwickelung geworden, sie war doch nach Außen vierzig Jahre hindurch die Schutzwehr Europas gegen Frankreich gewesen, sie hatte Frankreich in seinen Schranken gehalten. Dieses Bündniß war zerbrochen, und dessen Wiederherstellung lief dem Interesse Preußens zuwider. Noch war an die Stelle jenes alten Systems kein anderes System der Allianz getreten; keine der Großmächte Europas hatte über feste Verbindungen zu verfügen, und Preußen stand nach dem Frieden von Villafranca Frankreich isolirt gegenüber. Bei einem Angriffe Frankreichs konnte Preußen weder auf

Oesterreichs Unterstützung rechnen, — auch wenn die österreichische Regierung den völlig unwahrscheinlichen Willen dazu haben sollte, so fehlten ihr die Kräfte, — noch auf die Unterstützung der übrigen deutschen Regierungen. Es stand vielmehr zu befürchten, daß die süddeutschen Regierungen beim Eintreten einer solchen Eventualität sich beeilen würden, ihren Frieden mit Frankreich zu machen. Rußland war durch seine inneren Fragen vollständig in Anspruch genommen und außerdem im Einverständniß mit Frankreich. England war der Alliirte Frankreichs und wie noch heute entschlossen, die Dinge kommen zu lassen. In keinem Falle hatte Preußen im ersten Feldzuge auf die Mitwirkung Englands zu rechnen; erst wenn es den Ernst und die Kraft seines Widerstandes in längerem Kampfe bewährte, hatte man Aussicht auf Englands Unterstützung. Es kam sonach darauf an, Preußen in den Stand zu setzen, einem Angriffe Frankreichs durch seine eigene Kraft widerstehen zu können.

Wollte die Landesvertretung sich nicht ihrer ersten und vornehmsten Pflicht: für die Sicherheit des Landes nach Außen Sorge zu tragen, entziehen, so mußte sie mit der Regierung auf die Vermehrung der preußischen Wehrkraft Bedacht nehmen. Die Frage: ob eine Vermehrung der preußischen Streitkräfte stattzufinden habe, war mit der Aufrichtung der Napoleonischen Herrschaft entschieden, — es konnte sich nur darum handeln, in welcher Art und in welchen Grenzen diese Vermehrung geschehen solle.

War es erforderlich, das System unserer bisherigen Heeresverfassung zu diesem Zwecke zu ändern? In einem sehr wesentlichen Punkte war dasselbe hinter den ihm zum Grunde liegenden Gedanken zurückgekommen. Die Stärke der Linienarmee — d. h. die Stärke der militärischen Schule für das preußische Volk — war zu einer Zeit normirt worden, als die Bevölkerung Preußens nur 10 Millionen Seelen zählte. Das preußische Volk war über den Rahmen dieser Cadres hinausgewachsen, die wehrpflichtige und wehrfähige Mannschaft fand in den Linienbataillonen keinen Raum mehr, die allgemeine Wehrpflicht war ein Gesetz geworden, welches nicht mehr zur Ausführung kam. Von unserem System der allgemeinen Wehrpflicht waren wir zu dem System des Looses und zu dem der Conscription gekommen. Factisch bestand die allgemeine Verpflichtung zum Kriegsdienste nur noch für die Pflichtigen der höheren Stände, für die Söhne der wohlhabenden Klassen, welche unter Voraussetzung der erforderlichen Schulbildung als Freiwillige ohne Ausnahme einzutreten hatten. In den minder wohlhabenden Klassen lag die Wehrpflicht auf den Schultern derer, welche ungünstig geloost hatten, bis zum vierzigsten Jahre hin; während Andere, ebenso Taugliche und Rüstige, vollkommen frei ausgingen. In Betreff dieses Punktes trat die liberale Majorität des Hauses der Regierung auf der Stelle bei. Auch sie wollte, daß dieser Ungerechtigkeit ein Ende gemacht, daß die allgemeine Wehrpflicht auch thatsächlich wieder hergestellt werde. Mit der Regierung war sie einverstanden darüber, daß in der Ausdehnung der Last auf Alle die gebotene Verstärkung des Heeres gesucht, und daß in dieser Ausdehnung der Dienstpflicht auch das Mittel gefunden werden müsse, die Dauer und Schwere derselben für den Einzelnen zu verkürzen und zu erleichtern.

Nicht so einfach lag die Frage in Bezug auf die Stellung, welche der Plan der Regierung der Landwehr zuwies.

Die geringe Stärke der Linie machte es nothwendig, bei jeder europäischen Verwickelung, welche Preußens Interessen berührte oder bedrohte, mit der Kriegsbereitschaft der Linie auch die Landwehr zu den Fahnen zu rufen. Damit wurden jedesmal Hunderttausende von Familienvätern ihrem Berufe und der Ernährung ihrer Familien entrissen und eine tiefgreifende Erschütterung des gesammten wirthschaftlichen Lebens des Staates hervorgerufen. Diesen Uebelstand für die Zukunft zu vermeiden schlug die Regierung vor, die Feldarmee ausschließlich aus den jüngeren Mannschaften, d. h. aus der Linie zu bilden, die zu diesem Zwecke durch die drei jüngsten Jahrgänge der Landwehr verstärkt werden sollte; die Landwehr selbst sollte dann nur noch die Aufgabe des zweiten Aufgebots übernehmen, d. h. den Garnisondienst thun.

Diese Vorschläge mutheten der Landesvertretung den Bruch mit den glorreichsten Erinnerungen, mit jenem großen Gedanken zu, welcher unserer Heeresverfassung nach ruhmvollen Erfolgen zur Grundlage gegeben worden war. Es ist wahr, die Landwehr mochte im Juni 1859 nicht überall freudig zu den Fahnen geeilt sein, aber man konnte daraus keinen Vorwurf gegen die Mannschaften derselben entnehmen; denn weder lag die Vertheidigung des Vaterlandes, noch ein ausgesprochener Kriegszweck klar vor.

Die Mißstände, welche in der Mobilmachung der Landwehr vor ausgebrochenem Kriege lagen, ließen sich freilich nicht verkennen. Man konnte der Regierung auch nicht bestreiten, daß diese dadurch in Zukunft noch gesteigert werden könnten, daß unser westlicher Nachbar im Stande sei, mit seiner stets fertigen Armee uns wiederholte Mobilmachungen abzunöthigen. Aber ließen sich diese Uebelstände nicht anders beseitigen, als durch Ausscheidung der Landwehr aus der Feldarmee?

Die Regierung behauptete weiter, daß einerseits die lange Friedensperiode, deren Preußen sich zu erfreuen gehabt, andererseits die veränderten Communicationsmittel und die Veränderung der Kriegsweise den Gebrauch der Landwehr in der durch das Gesetz von 1814 vorgeschriebenen Weise unmöglich mache. Auch ließ sich nicht wohl in Abrede stellen, daß die Landwehr von 1860 nicht mehr die Landwehr von 1820 und 30 war. Der lange Frieden, welcher so segensreiche Früchte für die wirthschaftliche

Entwickelung Preußens und Deutschlands getragen hatte, zeigte hier in der That eine Kehrseite. Die Landwehr hatte die Wirkungen dieser Friedenszeit darin erfahren müssen, daß sie ohne kriegserfahrene Officiere und Unterofficiere war. Die Friedensschule, welche ihre Officiere ausschließlich durchgemacht hatten, hatte wenigstens einem großen Theil derselben nicht die militärische Sicherheit gegeben, welche ihre Stellung den Untergebenen gegenüber verlangte. Noch übler stand es unleugbar mit den Unterofficieren der Landwehr. Der Behauptung der Regierung, daß die gegenwärtige Heeresverfassung unter diesen Umständen dazu nöthige, jede Mobilmachung mit einer Desorganisation der Linie zu beginnen, die Officier- und Unterofficier-Corps der Linie um ein Drittheil ihrer Bestände zu schwächen, um die betreffenden Corps der Landwehr zu ergänzen, ließ sich wenig entgegenstellen. Es ließ sich ferner nicht bestreiten, daß die Eisenbahnen jene Einleitungsperioden des Krieges, welche in langen Märschen bestanden, beseitigt hätten; daß mit ihnen das Mittel, die eben zusammengetretenen Landwehrbataillone zu militärisch festen Körpern zu gewöhnen, fortgefallen sei. Man konnte endlich nicht leugnen, daß die neuere Kriegsweise gleich in den ersten Tagen die großen Entscheidungen suche, und das Haus der Abgeordneten mußte seinem verantwortlichen Ermessen die ernste Frage vorlegen, ob die beste Kraft des Landes, eben ihrem Heerde entrissen, unfertig in ihren Formationen, diesen Entscheidungen ausgesetzt werden dürfe?

Auf diese Erwägungen gestützt, behauptete die Regierung, daß bei den gegenwärtigen Transportmitteln und der gegenwärtigen Kriegsweise nur ein System anwendbar sei, welches die Formationen für alle in erster Linie zu verwendende Heereskörper vollständig und fertig besitze und diese nur auszufüllen habe. Nicht mehr wie bisher dürften die Feldbrigaden aus einem Linien- und einem Landwehrregiment zu je drei Bataillonen bestehen, sondern aus sechs Bataillonen, deren Friedensstand auf die Hälfte der Kriegsstärke (500 Gewehre) bemessen, durch die Einziehung der Reserven in jedem Augenblicke kriegsfertig zu machen sei. Auch diese Einrichtung, nur die Hälfte der Feldarmee unter Waffen zu halten, bleibe noch weit hinter dem Systeme der übrigen Großmächte zurück, deren Friedensformation eine viel geringere Vermehrung ihrer Bataillone für den Krieg voraussetze. Der feste Körper, in welchen unsere Reserven einzutreten hätten, würde bei uns auch bei dieser Einrichtung immer ein schwacher sein, da das eine Drittel der Friedensbataillone aus unausgebildeter Mannschaft bestände und beim Ausrücken der Bataillone zurückgelassen werden müsse. Indeß glaube die Regierung bei Einführung dieses Systems die Garantie für die Sicherheit des Staats mit vollem Vertrauen übernehmen zu können. Es werde damit eine in sich völlig homogene Armee geschaffen, die Reservemannschaften hätten ihre Schule noch nicht allzulange hinter sich und die Vertheidigung des Vaterlandes fiele in erster Linie, wie es sich gebühre, der jungen Mannschaft des Landes zu.

Ebenso wichtig und schwierig als die Erwägung der militärischen war die Erwägung der finanziellen Seite dieser Frage. Die von der Regierung beabsichtigte Reform steigerte unser Militärbudget um sehr bedeutende Summen. Die Regierung forderte $9\frac{1}{2}$ Millionen jährlich und stellte dazu noch außerordentliche Ausgaben in Aussicht, welche sich noch nicht übersehen ließen. Diese Vermehrung der Ausgaben wog um so schwerer, als die Staatseinnahmen keine bereiten Mittel zur Deckung derselben darboten. Das Haus der Abgeordneten sollte dem Lande zu deren theilweiser Beschaffung eine Zusatzsteuer von 25 Procent der Klassen- und Einkommen-, der Schlacht- und Mahlsteuer auflegen, und trotzdem sollte unser Budget für die nächsten Jahre mit einem Deficit abschließen. Denn was war es anders als ein Deficit, wenn auf die Bestände des Staatsschatzes oder auf die denselben gleich zu achtenden Ueberschüsse früherer Jahreseinnahmen zurückgegriffen werden mußte? Wenn auch zuzugeben war, daß Preußen, um das Gleichgewicht mit den übrigen Großmächten zu behaupten, eine verhältnißmäßig stärkere Spannung seiner Wehrkraft bedürfe, so mußte andererseits Preußen auch in seinen Finanzen etwas voraus haben. Es durfte die Ordnung seines Haushalts nicht stören, es durfte die Steuerkraft des Landes nicht überspannen, die Ausgaben für militärische Zwecke nicht auf Kosten anderer, gleichberechtigter Anforderungen einseitig bevorzugen; es mußte Reservefonds für den Krieg bereit haben, und es ließ sich nicht verkennen, daß die Zusatzsteuer von 25 Procent bereits die Vorwegnahme der Kriegssteuer war.

Andererseits ließen sich aber auch der directen Erhöhung des Militärbudgets gegenüber, welche die Regierung verlangte, die großen indirecten Erleichterungen nicht in Abrede stellen, welche die Vorschläge der Regierung für das Land in sich schlossen. Nicht blos die bisherigen enormen Kosten der Mobilmachungen mußten sich nach diesen erheblich vermindern; auch die mit den Mobilmachungen bisher verbundenen Erschütterungen des wirthschaftlichen Lebens blieben dem Lande zum größten Theile erspart, wenn es nicht wirklich zum Kriege kam. Den Gemeinden wurde die schwere Last abgenommen, die Familien der unbemittelten Landwehrmänner während ihrer Einziehung zu den Fahnen zu erhalten; für die Kreise und Städte fielen die großen Ausgaben der Gestellung der Landwehrcavalleriepferde zu den Uebungen und den Mobilmachungen fort, und es war endlich für die wirthschaftliche Kraft des Landes von großer Bedeutung, wenn die Last der Kriegspflicht für die älteren productiv thätigen Männer erleichtert, wenn sie vorzugsweise auf die Schultern der Jugend gelegt würde.

Wie sich dies Alles aber auch verhielt, die Summen, welche die Regierung in Anspruch nahm, brachten unseren Staatshaushalt in eine bedenkliche Lage und überstiegen nach der Ansicht der Majorität des Hauses die Steuerkraft des Landes. Die Regierung gab das erste Bedenken zu und leugnete das zweite; sie führte aus, daß auch sie sich nur im Hinblick auf die Verantwortung, welche die exceptionelle Lage Europas ihr auflege, zur Vorlegung eines exceptionellen Budgets habe entschließen können; die Ordnung der Finanzen werde durch die in Aussicht stehenden Mehreinnahmen und namentlich durch die Ausgleichung und Erhöhung der Grundsteuer in wenigen Jahren wieder hergestellt sein.

Wenn die Regierung sich auf die exceptionelle Lage Europas berief, so war diese Behauptung ohne Zweifel begründet. Die Volksvertretung aber hatte sich demgemäß die Frage vorzulegen, ob die durch diese Lage gebotene Verstärkung des Heeres nicht ebenfalls eine exceptionelle, d. h. eine nur für diese Lage berechnete, eine transitorische sein könne. Einer also vorübergehenden exceptionellen Lage wegen durfte man das Land doch nicht dauernd belasten, durfte man die Finanzlage Preußens doch nicht dauernd stören. Indeß standen wiederum allen transitorischen Maaßregeln sehr gewichtige Bedenken entgegen. Das Interesse des Landes wie das Interesse des Heeres geboten gleich dringlich die thatsächliche Durchführung der allgemeinen Wehrpflicht, welche durch transitorische Maaßregeln nicht zu erreichen stand. Es waren unleugbar auch andere Mängel in unserer Heeresverfassung vorhanden, welche ein für alle Mal zu beseitigen wünschenswerth war. Endlich schien es unrathsam, transitorische Heereskörper zu bilden, welche eben dieses ihres Charakters wegen weder zu rechter militärischer Festigkeit, noch zu militärischem Selbstgefühl gelangen könnten. Die Lage Europas konnte noch auf lange Zeit hinaus ungewiß bleiben, und die liberale Majorität des Hauses durfte zuletzt nicht verkennen, daß diese Stärkung Preußens auch der Sicherheit Deutschlands galt, daß unserer Politik in dieser Richtung eine dauernde Aufgabe und große Entschlüsse bevorständen, zu deren Lösung und Ausführung eine bleibende Verstärkung unserer Heereskraft durchaus nothwendig war.

Nach alledem stellte sich für die Volksvertretung die Frage dahin, ob die Zwecke, welche die Vorlage der Regierung im Auge hatte, nicht mit einer geringeren Belastung des Budgets und des Landes zu erreichen ständen?

Der nächste Weg zu einer finanziellen Erleichterung, welcher sich darbot, bestand in der Verkürzung der Dienstzeit. Die factische Durchführung der allgemeinen Wehrpflicht steigerte die jährlich eintretende Zahl der Recruten um ein volles Drittheil. Wurde nun die Dienstzeit in demselben Verhältniß gekürzt, so mußte sich der Aufwand, zwar nicht in demselben Verhältniß, wie häufig irrthümlich angenommen worden ist, aber doch um ein Bedeutendes vermindern.

Man betrat damit das Gebiet einer rein technischen Frage. Die Gründe für und gegen die Herabsetzung der dreijährigen Dienstzeit auf eine zweijährige sind bei dieser Gelegenheit eingehend erörtert worden. Auf der einen Seite forderte man freilich nicht ein durchaus exact geschultes Berufsheer, wie es von andern Großmächten Europas gehalten wird; aber man legte doch das Hauptgewicht auf die Nothwendigkeit der militärischen Ausbildung und Routine, welche durch die Uebung des Exercierplatzes noch nicht erreicht werde, obgleich auch für diese nach der neueren Gefechtsart erhöhte Ansprüche gemacht werden müßten. Außerdem hob man hervor, daß ein wesentlicher Einwand gegen die stricte Durchführung der zweijährigen Dienstzeit in der Organisation liege. Die Bataillone würden bei der zweijährigen Dienstzeit so schwach, daß sie keine geeigneten Cadres für die weit überwiegende Zahl der Kriegsstärke bilden könnten. Dies sei um so weniger möglich, da die noch nicht ein Jahr bei den Fahnen Befindlichen bei der Mobilmachung aus den Feldbataillonen ausgeschieden werden müßten, und die im zweiten Dienstjahre befindliche Mannschaft zu schwach sei, um den Stamm eines tausend Mann starken Bataillons abzugeben.

Auf der Gegenseite war man freilich weit entfernt, das preußische Heer in eine blos flüchtig ausgebildete Miliztruppe auflösen zu wollen. Aber man berief sich für die zweijährige Dienstzeit auf früher gemachte Erfahrungen und glaubte einen Ersatz der geringeren Ausbildung in der für den Krieg zu erwartenden Begeisterung, in der volksthümlichen, alle Stände umfassenden Organisation des Heeres zu finden, und legte ein besonderes Gewicht auf die zu erwartende turnerische Ausbildung der Jugend. Man stellte der technischen Frage die politische und volkswirthschaftliche gegenüber, und hob außer dem finanziellen Nachtheile der dreijährigen Dienstzeit die Schwächung der nationalen Arbeitskraft bei der consequenten Durchführung der allgemeinen Wehrpflicht hervor.

Da die Staatsregierung die zweijährige Dienstzeit zurückwies, so lag es, bei der gesetzlichen Geltung der dreijährigen Dienstzeit, nicht in der Hand der Volksvertretung, die Einführung der ersteren durchzusetzen. Um dies zu erreichen, wäre ihr nichts Anderes übrig geblieben, als durch die Verweigerung der für die Reorganisation des Heeres erforderlichen Mittel in dieser Beziehung einen indirecten Zwang gegen die Staatsregierung auszuüben. Allein ein solcher Schritt mußte schon wegen der Lage der Sache und namentlich unter den gegenwärtigen Verhältnissen der auswärtigen und deutschen Politik Preußens unthunlich erscheinen.

Die zur Vorberathung der Militärvorlagen seitens des Abgeordnetenhauses niedergesetzte Commission versuchte vielmehr einen anderen Weg zu zeigen, auf welchem der von der Regierung beabsichtigte Zweck mit geringeren Kosten und ohne die Ausscheidung der Landwehr aus der Feldarmee erreicht werden könnte. Nach diesem Vorschlage sollte jedes der 81 Linieninfanterieregimenter nicht aus drei, sondern nur aus zwei Linienbataillonen und einem Landwehrbataillon bestehen. Die Officiere und Unterofficiere für das Landwehrbataillon sollten bei den Linienbataillonen auf dem Etat gehalten werden. Auch auf diesen Weg ging die Regierung nicht ein. Die liberale Partei konnte ihrerseits noch weniger der vierjährigen Dienstzeit für die Cavallerie, der Ausdehnung der Reservepflicht auf drei Jahre ihre Zustimmung geben. Die Commission votirte die Ausdehnung der Reservepflicht nur auf Ein Jahr und bemühte sich, in den regelmäßigen Etat für den bisherigen Stand der Armee die bei der in Aussicht genommenen Ausdehnung der Armee um so dringender gebotenen Ersparnisse einzuführen. Diesen Vorschlägen konnte das Abgeordnetenhaus nur zustimmen. Die Regierung wurde dringend darauf hingewiesen, in der übermäßig angeschwollenen Position der Pensionen Ersparungen eintreten zu lassen. Die Kosten der Reisen und Inspectionen wurden verkürzt, überflüssige Commandanturen wurden gestrichen, die Erhöhung des Etats für die Cadettenhäuser wurde verweigert, die Uebertragungen innerhalb der einzelnen Posten des Kriegsministeriums und der dabei sich ergebenden Ueberschüsse von einem Jahr in das andere sollten in Zukunft wegfallen.

Den Einwänden gegenüber, welche die Commission erhoben hatte, zog die Regierung den Gesetzentwurf zur neuen Regelung der Wehrpflicht zurück und machte den Vorschlag, die zur Aufrechthaltung der Kriegsbereitschaft der Armee erforderlichen Mittel bis zum 1. Juli des Jahres 1861 zu bewilligen. Auf diesen Vorschlag einzugehen war möglich. Die Verstärkung des Heeres war, wie oben ausgeführt ist, durch die Lage Europas geboten. Die Regierung hatte die Forderung einer regelmäßigen Erhöhung des Militäretats für je zwölf Monate um 9½ Millionen in eine Forderung von neun Millionen auf einen Zeitraum von vierzehn Monaten ermäßigt. Die Frage über die Dienstzeit wie über die Landwehr blieb eine offene; die dauernde Ueberlastung des Budgets war vermieden. Und noch einen anderen Grund gab es, der diesen Compromiß annehmbar erscheinen ließ. Die Kosten der Reform ließen sich nach den Vorschlägen der Regierung nicht vollständig übersehen, da unbestimmte extraordinäre Ausgaben in Aussicht gestellt waren. Mit diesem ihrem zweiten Vorschlage hatte die Regierung die Zumuthung zurückgenommen, von der Kammer ein Definitivum zu verlangen, dessen finanzielle Folgen sich nicht einmal übersehen ließen.

In der Session dieses Jahres erneuerte die Regierung die Vorlage einer gesetzlichen Regelung der Reform nicht; sie beschränkte sich vielmehr auf die finanzielle Seite, während sie inzwischen die Reform soweit zur Ausführung gebracht hatte, als es innerhalb der Schranken des Gesetzes vom 3. September 1814 ihr möglich erschien. Auch konnte sich die Militärcommission dem Anerkenntniß nicht entziehen, daß die von der Staatsregierung bis dahin zur Durchführung der beabsichtigten Armee-Reorganisation ergriffenen Maaßregeln mit der geltenden Gesetzgebung nicht im Widerspruche stehen, und eine Ueberschreitung der der Staatsregierung zustehenden gesetzlichen Befugnisse bis dahin nicht vorliege. Ebenso wenig konnte jedoch verkannt werden, daß in den Consequenzen der geschaffenen Einrichtungen die Möglichkeit einer Ueberschreitung des Gesetzes vom 3. September 1814 über die Verpflichtung zum Kriegsdienste gegeben sei. Insbesondere erhoben sich die gewichtigsten Bedenken, ob es nach dem angeführten Gesetze der Staatsregierung freistehe, im Falle der Mobilmachung, namentlich vor dem Kriege, die beiden ersten Jahrgänge der Landwehr als Reserven zur Verstärkung der Linienbataillone zu verwenden, und ob, da diese Maaßregel zur Durchführung der neuen Organisation nicht entbehrt werden könne, für diesen Fall die gesetzliche Basis derselben nicht erst durch eine entsprechende Abänderung oder Declaration des angeführten Gesetzes gesichert werden müsse. Das Haus der Abgeordneten hat diesen Bedenken Raum gegeben, und in der Sitzung vom 31. Mai 1861 die Resolution beschlossen: „die Königliche Staatsregierung, falls sie die zur Reorganisation der Armee ergriffenen Maaßregeln aufrecht zu halten beabsichtigt, bleibt verpflichtet, spätestens dem nächsten Landtage ein Gesetz behufs Abänderung des Gesetzes vom 3. September 1814 über die Verpflichtung zum Kriegsdienste vorzulegen." — Von Seiten der Staatsregierung ist dann auch die Vorlegung einer solchen Novelle zugesichert worden.

Im Uebrigen beharrte die liberale Partei des Hauses der Abgeordneten bei den auf Ersparungen gerichteten Beschlüssen, welche in Beziehung auf das Armeebudget in der Session von 1860 gefaßt worden waren; namentlich wurden die Erweiterungen der Cadettenhäuser wiederum abgelehnt. In Betreff der für die Armee-Reorganisation geforderten Mehrkosten stellte sich im Hause eine Meinungsverschiedenheit dar, welche sich auf drei verschiedene Ansichten zurückführen läßt. Einige wollten von einer Bewilligung oder wenigstens von einer budgetmäßigen Bewilligung dieser Kosten überhaupt nichts wissen, bevor nicht die an die Staatsregierung gestellten Anforderungen, namentlich wegen der zweijährigen Dienstzeit, erfüllt seien. Andere wollten, unter dem Vorbehalte abweichender Beschlüsse im Einzelnen, die Bewilligung in der von der Staatsregierung beantragten Form theils im Ordinarium, theils im Extraordinarium des Staatshaushaltsetats gewähren; die Majorität des Hauses hielt eine budgetmäßige Bewilligung für gerechtfertigt, aber nur im Extraordinarium. Sie war der Ansicht, daß aus den angeführten Gründen die Reorganisation noch nicht in der Lage sich befinde, um die dafür zu bewilligenden Mehrkosten in das Ordinarium des Staatshaushaltsetats aufzunehmen, und wollte es jedenfalls vermeiden, das Ordinarium mit einem Deficit abzuschließen. Zur Erleichterung der Militärverwaltung wollte man die Ersparungen jedoch nicht im Einzelnen absetzen, sondern von der verlangten Mehrausgabe nur ein bestimmtes Pauschquantum abziehen.

Ueber den Belauf dieser Abzüge bestand aber wieder eine Meinungsverschiedenheit, indem Einige für die nach der vorjährigen Bewilligung noch in Frage stehenden Bedürfnisse des Jahres 1861 Eine Million, Andere dagegen nur drei Viertel Million absetzen wollten. Die erstere Ansicht fand in dem v. Vincke'schen, die zweite in dem Kühne'schen Antrag ihren Ausdruck; der letztere, mit dem sich die Staatsregierung zuletzt einverstanden erklärte, hat die Zustimmung des Hauses erhalten.

Der wesentliche Gesichtspunkt, von dem die überwiegende Mehrzahl der liberalen Partei in dieser Frage geleitet worden ist, war der: einerseits eine solide Verstärkung der Armee, die die Lage Europas gebieterisch forderte, nicht zu verhindern, andererseits dem Lande unvollkommen und nicht allseitig erwogene Aenderungen seiner Heeresverfassung und die dauernde Uebernahme einer übergroßen, nicht völlig übersehbaren finanziellen Last zu ersparen. Das Festhalten dieses Gesichtspunkts ist auch bereits nicht ohne Erfolg geblieben. Die Staatsregierung hat die Ausschließung der Landwehr aus der activen Armee aufgegeben und die legislative Regelung der Reform für die nächste Session bestimmt verheißen. Sie hat bereits angefangen, den zu groß angelegten Reformplan zu beschränken und erhebliche Ersparnisse eintreten zu lassen. Wenn die ausgedienten Mannschaften im Jahr 1860 Ende September entlassen und die Recruten erst Ende October eingestellt worden sind, so werden die Reserven in diesem Jahre zu derselben Zeit entlassen, die Recruten aber erst Ende November eingestellt werden. Auf diesem Wege ist eine sehr bedeutende Minderausgabe, ist eine Vereinigung der entgegenstehenden Ansichten für die Dienstzeit der Infanterie zu erreichen. Die constitutionelle Partei im Hause der Abgeordneten hat es sich bei den Verhandlungen über die Reorganisation des Heeres namentlich zur Aufgabe gestellt, die *gesetzliche Basis* derselben zu *sichern*, und jeder nicht dringend gebotenen Beschränkung des Instituts der Landwehr, sowie einer übermäßigen Anspannung der finanziellen Kräfte des Landes entgegen zu treten. Sie hat die Reorganisation nicht gehindert und nicht hindern wollen, aber die definitive Anerkennung derselben nicht ausgesprochen und, soweit es nach Lage der Sache ihr thunlich erschien, die Gründe für die Abkürzung der dreijährigen Dienstzeit der Infanterie geltend gemacht.

Kaum minder schwer als die finanzielle fiel aber die politische Seite dieser Vorlagen in's Gewicht. Es ließ sich nicht verkennen, daß nach einer viel verbreiteten Ansicht, für welche es im Einzelnen nicht an der thatsächlichen Begründung fehlte, bei dem Militär und namentlich bei der Garde eine Bevorzugung des Adels stattfindet, welche hier so wenig, wie bei einem anderen Theile des preußischen Staatsdienstes, zu rechtfertigen ist. Im Heere selbst aber traten einzelne Symptome hervor, welche auf einen Gegensatz zu den jetzt geltenden Verfassungszuständen des Landes hinwiesen. Das Auftreten jüngerer Officiere dem Bürger gegenüber, die einseitige Accentuirung des militärischen Ehrenpunktes, die Ueberhebung des soldatischen Bewußtseins, jene leider wiederholt vorgekommenen Excesse, bei denen es zum Gebrauch der Waffen gegen Unbewaffnete kam — dies Alles waren Zeichen eines Gegensatzes, dessen Fortdauer unheilvolle Wirkungen für die unentbehrliche Harmonie der Stände mit sich führen muß. Andererseits aber konnte in einzelnen Ausschreitungen dieser Art für die Volksvertretung keine Veranlassung liegen, dem Lande die gebotene Stärkung seiner Wehrkraft vorzuenthalten. Sie hat die Staatsregierung daran erinnert, auch in dieser Richtung ihre Pflicht zu thun, in dem Vertrauen, daß die Krone am wenigsten ihre erhabene Aufgabe verkennen könne, die Eintracht der Stände, des Staates und des Heeres, des Bürgers und der Soldaten zu wahren, und das Recht nach dem Wahlspruch des Hohenzollern'schen Hauses „Jedem gleich zu messen."

Die politische Seite der Militärfrage trat aber noch in einer andern Beziehung hervor, — ihr inniger Zusammenhang nämlich mit der deutschen Verfassungsfrage. Es ist schon oben erwähnt worden, daß eine Erhöhung der Wehrkraft Preußens für dessen politische Stellung in Deutschland von wesentlichem Einfluß ist; es läßt sich aber auch nicht verkennen, daß die in bedenklichster Weise sich steigernde finanzielle Last des Militärwesens nicht blos in Preußen, sondern auch in den kleineren deutschen Staaten wird ermäßigt werden können, wenn die gemeinsamen Kräfte einer mehr zusammengefaßten, einheitlichen Leitung unterworfen werden, zumal wenn dieselbe Gesinnung, welche in neuester Zeit in Beziehung auf die Kriegsflotte in so erfreulicher Weise zum Ausdruck gebracht ist, auch für das Landmilitärwesen allgemeine Geltung gewinnt. Auf dem letzten Landtage ist es mit Recht hervorgehoben worden, daß es sich hier nicht allein um eine zweckmäßigere Einrichtung der Bundeskriegsverfassung handelt, sondern daß es auf eine Reform der politischen Bundesverfassung ankommt. Die Sicherheit des gemeinsamen Vaterlandes ohne unverhältnißmäßige Opfer wird nur durch die Herstellung des deutschen Bundesstaates unter Preußens militärischer und diplomatischer Führung mit Aussicht auf dauernden Erfolg gewahrt werden können. —

Bei der dreimaligen Berathung des Marineetats gab sich von Seiten des Hauses jedesmal das lebhafteste Interesse für unsere junge Flotte kund. Um jedoch für die Begutachtung der Marineausgaben eine sachgemäße Grundlage zu gewinnen, beschloß das Haus der Abgeordneten im Jahre 1859, die Staatsregierung zur Vorlegung eines Gründungsplanes aufzufordern, aus dem der Zweck, welcher bei der Erweiterung der Marine in's Auge gefaßt werde, sowie die Höhe der für die Erreichung desselben erforderlichen, auf einen bestimmten Zeitraum zu vertheilenden Geldmittel ersichtlich sei. Ein solcher Plan sei zwar, wie verlaute, bereits im Jahre 1855 aufgestellt, niemals aber dem Landtage zur Genehmigung vorgelegt worden. Die Regierung sagte die Aufstellung und Vorlegung eines solchen Planes zu, die indeß auch in der zweiten Session wegen der großen „in der Sache liegenden Schwierigkeiten" unterblieb. Die inzwischen eingeleitete Reorganisation der Admiralität und der Uebergang des Marinedepartements auf den Kriegsminister, der erst am 16. April d. J. sein neues Amt angetreten hatte, verzögerte abermals die Vorlage des Gründungsplanes, der folglich erst in der nächst bevorstehenden Legislaturperiode die ernste Prüfung des Hauses in Anspruch nehmen und den Ausgangspunkt für eine systematische, von der Landesvertretung controllirte Fortentwicklung der preußischen Flotte bilden wird.

Mehrere auf die Marine bezügliche Resolutionen, z. B. die Aufforderung zur Vereinfachung des Verwaltungsapparats im Jadegebiet, zur Vorlegung des Seekadetteninstituts von Berlin nach einem Seehafen, zum Bau einer Eisenbahn von der preußischen Grenze nach der Jade und Oldenburg wurden von Seiten des Hauses gefaßt. Bei der letzteren kamen wiederholt die Schwierigkeiten zur Sprache, die Hannover unserer Regierung in den Weg legt, um sie daran zu verhindern, einer von ihr bei Erwerbung des Jadegebietes gegen Oldenburg eingegangenen Verpflichtung nachzukommen; bemerkenswerth ist, daß der Kriegsminister diese Schwierigkeiten am 24. Mai d. J. als solche bezeichnete, die, wie es den Anschein habe, auf friedlichem Wege gar nicht zu beseitigen seien.

XVII. Auswärtige Politik.

Der in der ersten Sitzung des Hauses erfolgten Vorlage des Gesetzentwurfs, den Geldbedarf der Militär- und Marineverwaltung betreffend, war eine Denkschrift beigefügte, welche sich über die bisherige Politik der Regierung in Beziehung auf den Conflict Oesterreichs mit Sardinien verbreitete. Diese Denkschrift machte es dem Hause zur Pflicht über die europäische Constellation, in die Preußen getreten war, und über die bedeutenden Opfer, die dem Steuerpflichtigen zugemuthet wurden, die Meinung des Landes auszusprechen.

Nachdem durch die Parteinahme Frankreichs für Sardinien die italienische Sache die Dimensionen einer europäischen Verwickelung angenommen hatte, wurde sie der Gegenstand gemeinsamer Vermittelungsversuche der Großmächte, an denen Preußen sich betheiligte. Die von England vorgeschlagene, von Preußen angenommene Lösung (man erinnert sich der vier Punkte) scheiterte an der Schwierigkeit, die über die Reihenfolge der Entwaffnung erhoben wurde, und an der Weigerung Oesterreichs, einen Congreß, an dem Sardinien Theil nähme, zu beschicken. Die hiernach näher gerückte Kriegsgefahr war eine Aufforderung für Preußen, für die Sicherung Deutschlands in erster Linie Sorge zu tragen; es erfolgte die Marschbereitschaft des preußischen Bundescontingents und der von Preußen bei'm Bundestage gestellte, einstimmig von demselben angenommene Antrag, dieselbe Maaßregel für die Contingente sämmtlicher Bundesstaaten anzuordnen. Gleichwohl ließ Preußen sich nicht abhalten, auch fernerhin an der Erhaltung des Friedens zu arbeiten; dem abermals von England ausgegangenen, von Frankreich und Rußland gebilligten Vorschlage einer allgemeinen Entwaffnung trat es bei, obwohl mit geringer Aussicht auf Erfolg, da Oesterreich inzwischen in London und Berlin seine Absicht hatte eröffnen lassen, eine Sommation an Sardinien zu richten. Trotz der dringenden Abmahnung Preußens, welches eine derartige Maaßregel als eine verhängnißvolle bezeichnete, wird das österreichische Ultimatum an Sardinien erlassen, von England und Rußland mit einem Protest, von Preußen mit einer Mißbilligung beantwortet. Nachdem dann Oesterreichs Angriff auf Sardinien erfolgt war und Frankreich sich dadurch zur Entsendung eines Hülfsheeres nach Italien veranlaßt gesehen, ordnete Preußen die Marschbereitschaft auch seiner übrigen sechs Armeecorps an. Auch nach dem Ausbruche des Krieges giebt Preußen seine vermittelnde Stellung nicht auf, nur mit dem Unterschiede, daß es früher für die Erhaltung des Friedens thätig war, während es nunmehr die Wiederherstellung desselben in's Auge faßt, zu diesem Zwecke aber seine diplomatischen Rathschläge mit militärischen Machtmitteln unterstützen mußte. Es tritt in den Zustand der **bewaffneten Mediation** und zwar, um für die Sicherung Deutschlands Sorge tragen zu können, und um über die Aufrechthaltung der nationalen Interessen, insbesondere des europäischen Gleichgewichts, zu wachen.

Dies waren die Grundzüge der officiellen Denkschrift, die in dem Commissionsberichte und den Plenarverhandlungen nach allen Seiten beleuchtet wurden.

Wie sehr die zur damaligen Zeit im südlichen Deutschland herrschende Stimmung, in der so viele berechtigte Momente zum Ausdruck kamen, doch auch von ultramontanen Tendenzen angefacht und ausgebeutet worden war, bekundete die Stellung, welche die katholische Partei des Hauses einnahm. Nicht undeutlich wurde die Regierung von dieser Seite der Parteilichkeit für den Kaiser der Franzosen beschuldigt, während im Süden des Vaterlandes der Geist von 1813 sich rege. Der revolutionäre Fanatismus der Nationalitäten werde von dem Kaiser nur deshalb begünstigt, weil er im Bunde mit demselben seine Herrschaft ausbreiten wolle; Oesterreichs Herrschaft in Italien sei, wie ein Blick auf ein Jahrtausend deutscher Geschichte lehre, ein deutsches Interesse, weil der Einfluß dieses Staats auf Italien, wenn er erschüttert werden sollte, nur an Frankreich übergehen werde. Liege aber Oesterreich erst am Boden, so werde Preußen unfehlbar das zweite Opfer Napoleonischer Eroberungsgier sein; die Politik der bewaffneten „Neutralität" sei daher vom Uebel, man müsse den Absichten des Kaisers zuvorkommen und den Rhein am Po vertheidigen helfen. Der Wortführer der feudalen Partei, obgleich im Allgemeinen mit den ultramontanen Anschauungen übereinstimmend, widersprach doch der Folgerung, daß um jeden Preis der Krieg mit Frankreich aufgesucht werden müsse; erst wenn Pflicht, Recht und Interesse es geböten, dürfe Preußen zum Kriege schreiten.

Die constitutionelle Partei war zunächst darüber einig, daß in der italienischen Frage die deutschen Interessen mit den österreichischen nicht zusammenfallen. Oesterreichs italienische Politik werde durch sein Streben nach Erhaltung und Ausdehnung seines Einflusses auf Italien bestimmt; deshalb bekämpfe es in Sardinien den aufstrebenden Nebenbuhler, noch mehr aber den Träger des Gedankens der italienischen Einheit. Seine Maaßregeln ergreife es zu diesem Zwecke, wie es einer Großmacht gezieme, nach freier Selbstbestimmung, ohne Preußen oder Deutschland eine Einrede zu gestatten. Es sei deshalb unmöglich, daß Preußen für die Folgen einer Politik, die es nicht mitzubestimmen habe, aufkommen und das Blut seiner Söhne für dieselbe verspritzen solle; ebensowenig aber könne es sich durch eine Majorität der Bundesversammlung in einen europäischen Krieg verwickeln lassen, in welchem es unverhältnißmäßig mehr auf's Spiel setze und, schon weil es mit seiner gesammten Kriegsmacht eintrete, ungleich höhere Opfer bringe, als jeder andere deutsche Staat. Hätte die Regierung sich gleich im Beginn der Verwickelung auf Oesterreichs Seite gestellt, so würde es sich England und Rußland entfremdet, einen allgemeinen Krieg hervorgerufen und den Kriegsschauplatz nach dem Rhein verlegt haben. Dadurch freilich wäre Oesterreich dazu verholfen worden, nach der Besiegung Italiens an die Spitze der europäischen Reaction zu treten.

Auch darüber herrschte Einverständniß, daß gleichwohl im Laufe der Ereignisse der Zeitpunkt eintreten könne, in welchem Preußen genöthigt würde, sich auf die Seite Oesterreichs zu stellen, nicht um dessen Zwecke zu fördern, sondern um zu verhüten, daß es von seiner europäischen Machtstellung herabstürze und, was Oesterreich verloren, im Westen auf Frankreich, im Osten auf Rußland übergehe. Wann jener Zeitpunkt eintrete, in welchem die preußische Regierung verpflichtet sei, aus der bewaffneten Mediation herauszutreten, und von den ihr zu Gebote gestellten Machtmitteln Gebrauch zu machen, mußte der Beurtheilung der Regierung anheim gegeben bleiben. Die Vorlage derselben wurde einstimmig angenommen.

Die Mahnung eines hervorragenden, jetzt verstorbenen Redners fällt mit besonderer Schwere in's Gewicht. Er erinnerte daran, daß Preußen die ungeheure Verantwortlichkeit der bewaffneten Stellung und Mediation gegen das eigene Land und gegen Deutschland nicht auf sich nehmen könne, wenn es nicht für die Dauer derselben vollständig und ausschließlich der Wehrkraft von ganz Deutschland Herr sei. Der klägliche Ausgang der damals mit dem Bundestage eingeleiteten Unterhandlungen ist bekannt und läßt es als ein Glück erscheinen, daß es unserer Regierung erspart worden ist, die schwere Wahl zu treffen. Oesterreich, das Vasallendienste erwartet hatte, erschrak vor einer Hülfeleistung, welche Preußen die Leitung Deutschlands in die Hand gab, und reichte Frankreich die Hand zum Frieden von Villafranca. —

In Folge einer aus Breslau eingegangenen Petition kam am 1. März 1860 die italienische Frage zur Verhandlung. Eine von dem Minister des Auswärtigen gemachte Vorbemerkung, daß es überhaupt der Würde und Stellung des Hauses nicht entspreche, eine so wichtige politische Frage bei Gelegenheit einer Petition zur Sprache zu bringen, gab zu der Erwiderung Veranlassung, daß der Weg der Petition recht eigentlich das Band sei, durch welches die vom Hause vertretene Bevölkerung mit derselben in Verbindung stehe, daß dieser Weg in keiner Weise verschränkt werden dürfe, daß überdies dem Hause zustehe, wenn es in die Berathung nicht eintreten wolle, dieselbe durch die einfache Tagesordnung zu beseitigen. Bei den einengenden Vorschriften der Geschäftsordnung sei die Petition oft der einzige Weg, gewisse Materien rechtzeitig zu erörtern.*)

Ueber den Antrag der Breslauer Petenten, der das Haus aufforderte, eine solche Lösung jener Frage zu befürworten, die mit den ebenso einhellig wie nachdrücklich kund gegebenen Wünschen der italienischen Bevölkerung übereinstimme, ging das Haus auf den Antrag ihrer Commission zur Tagesordnung über, weil das zur Oeffentlichkeit gelangte Verhalten der Staatsregierung bisher zu einem Zweifel keine Veranlassung geboten habe, daß dieselbe im Sinne der Petenten handeln werde, und weil die Ereignisse noch keineswegs soweit entwickelt seien, um die Mittel zur Herbeiführung der gewünschten Lösung übersehen zu lassen.

Desto lebhafter wurde die Debatte über die materielle Motivirung des Petitionsberichts, die sich im Wesentlichen auf die Seite der Petenten gestellt hatte. Schärfer als im vorigen Jahre trat der Gegensatz der Parteien hervor; Feudale und Ultramontane kamen darin überein, daß sich Preußen gegen das von dem Absolutismus mit der Revolution geschlossene Bündniß auf die Seite der Legitimität zu stellen habe. Von liberaler Seite wurde dagegen das deutsche Interesse an der Existenz eines einheitlichen Italiens betont, das mit der Zeit erstarken und, wie Belgien, ein Bollwerk gegen den übergreifenden Einfluß Frankreichs bilden könne.

In demselben Gedankenkreise bewegte sich die Debatte vom 6. Februar d. J. über das zur Adresse gestellte Amendement Vincke: „Der fortschreitenden Consolidirung Italiens entgegen zu treten, erachten wir weder im preußischen noch im deutschen Interesse.“ Von der Gegenseite dieselben Argumente wie früher, die durch den Fortgang der Ereignisse in Italien, insbesondere durch die bedrohliche Lage des Kirchenstaates eine leidenschaftliche Färbung gewannen. Die liberale Partei ging nicht mehr, wie im vorigen Jahre, von der Voraussetzung aus, daß die Leitung des auswärtigen Ministeriums die Linie eingehalten habe, die sie nicht überschritten zu sehen wünschte. Offenkundige Thatsachen, wie die Coblenzer

*) Wir wollen an dieser Stelle darauf hinweisen, daß eine Revision der Geschäftsordnung vom Hause bereits eingeleitet worden ist. Der Präsident des Hauses hat in einem am 2. Mai 1861 gestellten Antrage die von ihm gemachten Wahrnehmungen über die Mängel der Geschäftsordnung niedergelegt. Leider ist der am 3. Juni erstattete Commissionsbericht nicht mehr zur Erledigung gekommen. Mit Rücksicht auf den im Text gerügten Uebelstand wird z. B. vorgeschlagen, daß nicht mehr, wie die gegenwärtige Vorschrift lautet, mit der Beantwortung einer Interpellation durch das Staatsministerium dieselbe als solche erledigt, sondern daß es künftig gestattet sein soll, an die Beantwortung der Interpellation oder deren Ablehnung eine sofortige Besprechung des Gegenstandes derselben anzuschließen, wenn mindestens funfzig Mitglieder darauf antragen. Dieser von der Commission einstimmig gutgeheißene Vorschlag würde namentlich den Verhandlungen über die auswärtige Politik zu gute kommen.

Depesche, das Abenteuer der Loreley, das von Preußen unterstützte Gesuch an den Kaiser Napoleon, seine Flotte vor Gaeta zu belassen, schienen eine Hinneigung zu einer legitimistischen Tendenzpolitik zu bekunden. Der Minister wies diese Annahme zurück, indem er Erklärungen über die angegriffenen Maaßregeln gab und in Abrede stellte, daß Preußen bestimmte Engagements übernommen habe. Eine zuwartende und beobachtende Stellung sei bei der völligen Ungewißheit über die letzten Ziele und Resultate der italienischen Bewegung und bei der Abwesenheit jedes directen Interesses an denselben die dem preußischen Interesse allein entsprechende. Er bat um Verwerfung des Amendements, durch welches die Staatsregierung in ganz unzulässiger Weise vinculirt werde. In der Commission war das Amendement abgelehnt worden. Der Berichterstatter führte aus, daß allerdings, wie von allen Seiten zugegeben werde, die Neugestaltung Italiens kein preußisches und deutsches Interesse verletze. Er stelle nicht in Abrede, daß Italien in Zukunft ein werthvoller Verbündeter Deutschlands werden könne, im Augenblicke aber stehe es so sehr unter dem Drucke des französischen Machthabers, daß man weit eher erwarten dürfe, es bei'm nächsten Kriegsfalle an der Seite Frankreichs gegen Deutschland als in umgekehrter Stellung kämpfen zu sehen. Unter diesen Umständen sei es bedenklich, einen durch die Sachlage nicht unabweisbar gebotenen Satz auszusprechen, der die Stellung Deutschlands fixire. Gerade dieser Einwand, hob der Antragsteller hervor, spreche für ihn. Er gebe die momentane Abhängigkeit Italiens von dem Machtgebot Frankreichs zu; aber eben deshalb müsse das Bestreben eines erstarkenden Italiens dahin gehen, diese Fesseln zu lösen, eben deshalb wolle er die Allianz Preußens und Deutschlands in Aussicht stellen, die, weit entfernt, Italiens Unabhängigkeit zu gefährden, vielmehr geeignet sei, dieselbe gegen jeden fremden Druck sicher zu stellen. Und indem er diese Hülfe grade jetzt anbiete, wo sie dem Wunsche Italiens entgegenkomme und deshalb die gerechteste Würdigung finden werde, wolle er verhüten, daß der Haß der Italiener gegen Oesterreich sich auch auf Preußen und Deutschland übertrage. Dies werde aber um so gewisser geschehen, je mehr die preußische Regierung durch ihre Maaßregeln den Argwohn erwecke, daß sie Legitimitäts- und nicht Interessenpolitik treibe.

Ein zweiter Einwand gegen das Amendement, als ob durch die Fassung desselben Italien zu einem Angriff auf Venetien ermuntert werde, gab Veranlassung, die Stellung Venetiens zu Deutschland in Betracht zu ziehen. Die Ansicht, daß der Besitz Venetiens ein unmittelbares deutsches Interesse sei, fand in den Reihen der liberalen Partei keinen Fürsprecher. Aber auch auf dieser Seite gingen die Ansichten über die venetianische Frage auseinander. Gegen das Amendement wurde hervorgehoben, daß im Laufe der Ereignisse Combinationen eintreten können, durch welche das deutsche Machtinteresse bei Venetien in Frage gestellt würde, und daß man daher auch aus diesem Grunde nicht wohlthue, die Verpflichtung einzugehen, der fortschreitenden Consolidirung Italiens, die jedenfalls den Krieg um die Eroberung Venetiens in sich schließe, unter keinen Umständen entgegenzutreten. Die Vertheidiger des Amendements stellten zunächst in Abrede, daß dasselbe eine Provocation Italiens zum Angriff auf Venetien enthalte; sie führten aus, daß der Besitz Venetiens, so lange er in Oesterreichs Händen bleibe, einen relativen Werth für die Vertheidigungsfähigkeit Deutschlands habe; sie leugneten aber den absoluten Werth desselben und somit die Verpflichtung Deutschlands, für denselben einzustehen. — Mit 158 gegen 146 Stimmen wurde das Amendement zum Beschlusse des Hauses erhoben.

Der Interpellation in der Macdonald'schen Angelegenheit soll hier nur erwähnt werden, weil die glänzende Begründung derselben, wie die befriedigende Antwort des Ministers noch in frischem Gedächtniß lebt.

XVIII. Deutsche Politik.

In den Verhandlungen vom 20. April und 3. Mai 1860 über die kurhessische und schleswig-holsteinische Angelegenheit hat das Haus der Abgeordneten die unabweisbare Pflicht erfüllt, sich von der Manteuffel'schen Politik loszusagen, die in der Schmach von Bronzell und Ollmütz gipfelte.

Die hessischen Verfassungswirren, durch die Gewaltacte Hassenpflug's künstlich hervorgerufen, waren von vornherein nur der Vorwand zum Einrücken der Oesterreicher und Bayern in Hessen. Der eigentliche Gegenstand des Angriffs war der durch die Unionsverfassung auch von der kurhessischen Regierung anerkannte, durch Volks- und Staatenhaus vertretene Bundesstaat unter preußischer Führung; der eigentliche Kampfpreis war die Wiederherstellung des Bundestages, dem durch eine gegen Kurhessen gerichtete, in Wahrheit aber auf Preußen gemünzte Execution eine thatsächliche Unterlage von Macht und Siegesruhm gegeben werden sollte, da ihm, wie damals auch von seinen Wiederherstellern zugegeben wurde, die rechtliche Begründung fehlte. Die schwerste und schimpflichste Niederlage hatte Preußen erlitten, aber die materiellen Opfer derselben fielen auf Kurhessens Antheil. Ohne zu wanken und zu weichen hat das kleine Land diese Opfer getragen, es hat dem Recht, es hat dem Glauben an die Zukunft des Vaterlandes nichts vergeben. Daß das Ministerium Hohenzollern noch nach acht langen Jahren im Stande war, in der kurhessischen Sache den Faden da wieder aufzunehmen, wo die Manteuffel'-

sche Theorie von dem Zurückweichen des Starken ihn fallen ließ, verdankt es lediglich dem unerschütterlichen Gleichmuth, mit dem das hessische Volk die eigne Wunde offen erhalten hatte. Und als Preußen am 24. März 1860 mit seinem Antrag auf rechtliche Anerkennung der Verfassung von 1831 bei'm Bundestag in der Minderheit geblieben war, da stellte sich das Haus der Abgeordneten der Regierung zur Seite, indem es das Vertrauen aussprach, daß sie den von ihr eingenommenen Standpunkt — auch den von der Mehrheit der deutschen Regierungen am 24. März in Frankfurt gefaßten Beschlüssen gegenüber — mit Energie festhalten werde.

Wenn in der parlamentarischen Erörterung der kurhessischen Angelegenheit die ungelösten Fragen der Umgestaltung der deutschen Bundesverfassung zu Trage traten, so ist es insbesondere die Machtstellung Deutschlands nach Außen, auf welcher in der schleswig-holsteinischen Sache der Nachdruck liegt. Denn die verfassungsmäßigen Rechte Holsteins gegen den König-Herzog wahrzunehmen, ist nur die Eine und zwar *die leichtere Seite der Aufgabe; von weit* überragender Bedeutung für den Austrag des Streites ist die andre, daß die altberechtigte Verbindung Holsteins mit Schleswig zu europäischer Anerkennung gebracht werde. Die systematische, von allen Mitteln der Gewalt und der Intrigue geförderte Unterdrückung der Deutschen in Schleswig, die offenkundige Absicht, diese nördlichste Grenzmark deutscher Sprache und Sitte dem gemeinsamen Vaterlande zu entfremden, haben den Verhandlungen des Hauses einen Ton vaterländischer Wärme und Begeisterung verliehen, der bei Freunden und Feinden seinen Eindruck nicht verfehlt hat. Einstimmig sprach das Haus die Erwartung aus, daß die Regierung in Gemeinschaft mit ihren deutschen Verbündeten nichts unterlassen werde, um den Herzogthümern Schleswig und Holstein endlich zum vollen Genuß ihrer schwer gekränkten Rechte zu verhelfen. Während die Diplomatie aus Furcht vor europäischen Verwicklungen den Namen Schleswig bis dahin sorgfältig vermieden und sich hinter die zweideutige Bezeichnung der „deutschen Elbherzogthümer" geflüchtet hatte, bestand das Hauptverdienst des angeführten Beschlusses darin, Schleswig in den internationalen Verkehr wieder einzuführen.

Die über Kurhessen und Schleswig erstatteten Ausschußberichte des Hauses, die zu den erwähnten Beschlüssen geführt haben, sind zur Zeit so sehr der Gegenstand öffentlicher Besprechungen gewesen, daß wir für unseren Zweck auf die Analyse derselben verzichten dürfen. Da jedoch beide Materien in ihrer scheinbar engen Umrahmung die ganze deutsche Frage in sich schließen, so soll auf den Ertrag, der sich für die deutsche Politik der Mehrheit des Hauses aus jenen Verhandlungen ergeben hat, mit wenigen Worten hingewiesen werden.

Nur eine negative Auffassung der kurhessischen Sache hätte dabei stehen bleiben können, dem Bundestag die Competenz zu Eingriffen in die Verfassung der deutschen Staaten zu bestreiten; die weitere Erwägung der Frage führte vielmehr darauf hin, die Rechtsbeständigkeit des Bundestages zu untersuchen, die absolute Unfähigkeit desselben, den berechtigten Forderungen der Nation und den Gefahren der Weltlage gegenüber darzuthun, und gelangte auf diesem Wege zu dem Ergebniß, daß das gegenwärtige Bundesregiment durch eine für die Ausführung und Vertretung des Gesammtwillens der Nation geschaffene Bundesverfassung ersetzt werden müsse. Die Unterstellung der katholischen Partei, als ob man nicht den Bundesstaat, sondern den Einheitsstaat anstrebe, wurde schlagend zurückgewiesen und die von einem Redner jener Seite aufgeworfene Frage, was man denn eigentlich wolle, dahin beantwortet: „Das ist höchst einfach; wir wollen, was wir immer gewollt haben. Wir wollen eine Einigung der deutschen Stämme und der deutschen Regierungen mit einer deutschen Volksvertretung unter der Führung Preußens mit Ausschluß Oesterreichs." Zum deutschen Bundesstaat, der ja in unserer Verfassung (Art. 118) vorgesehen ist und für welchen die hervorragendsten Mitglieder der Partei in Frankfurt und Erfurt die verfassungsmäßigen Formen hatten aufstellen helfen, hat die liberale Partei auch in jenen Debatten sich einmüthig bekannt, und wenn man die Verhandlungen des Hauses im Ganzen und Großen in's Auge faßt, so ist die Errichtung des deutschen Bundesstaates das A und das O ihrer ganzen Politik, auch in den entscheidenden inneren Fragen, gewesen.

In der Zeit zwischen der zweiten und dritten Session des Landtags hatte die Regierung ihre Action in der inneren deutschen Politik hauptsächlich auf die Herbeiführung einer Reorganisation der Kriegsverfassung des Bundes beschränkt, wie sie, so lauten die Worte der Thronrede vom 14. Januar d. J., die gesteigerten militärischen Ansprüche unabweislich erheischen. „Ich gebe mich," fährt dieselbe fort, „der zuversichtlichen Hoffnung hin, daß diese Bemühungen endlich zum Ziele führen werden, da alle deutschen Regierungen und alle deutschen Stämme ein einmüthiges Zusammengehen als das dringendste Bedürfniß des Gesammtvaterlandes anerkennen." An diese Stelle knüpft die Adresse des Hauses an, indem sie darauf hinweist, daß die von der Staatsregierung so vorzugsweise hervorgehobene Frage nur ein Theil der Aufgabe und die eigentliche Lösung derselben der deutsche Bundesstaat sei. Die Stelle lautet:

„Auch wir wünschen, daß es Ew. Königlichen Majestät Regierung gelingen möge, eine Reform der Kriegsverfassung des Bundes in einer der Sicherheit und Macht des Gesammtvaterlandes entsprechenden Weise herbeizuführen. Aber, Allergnädigster König und Herr, wir fühlen uns gedrungen, unsere Ueberzeugung offen auszusprechen, daß eine zweckmäßigere Gestaltung der Heeresordnung allein nicht genügen wird, die berechtigten Wünsche des deutschen Volkes zu erfüllen. Das einmüthige Zusammengehen aller deutschen Regierungen und Stämme trägt doch, auch wenn es erreicht ist, nur dann die Gewähr der Dauer und der energischen Wirksamkeit in sich, wenn es in zeitgemäßen, dem Drange der deutschen Nation nach größerer Einigung ihrer Stämme entsprechenden politischen Institutionen ausgeprägt ist. Daß dann Preußen die ihm durch seine Geschichte und seine Machtverhältnisse gebührende Stellung eingeräumt werde, ist eine Forderung, welche in dem unzertrennlichen Interesse Deutschlands und Preußens seine Begründung findet."

Von dieser Fassung unterscheidet sich ein zu derselben gestelltes Amendement (Stavenhagen) durch zwei Einschaltungen. Hinter: Heeresordnung sollte gesagt werden: „nur dann ihren Zweck vollständig erreichen kann, wenn die oberste Führung des deutschen Heeres in Ew. Königlichen Majestät Hand gelegt wird," und hinter: gebührende Stellung: „an der Spitze des deutschen Bundesstaats."

Als dies Amendement im vertraulichen Kreise berathen wurde, erschien die zweite Einschaltung als eine nachdrücklichere Betonung der von der Commission vorgelegten Fassung, während die erste einen Gedanken aussprach, der sich für jeden Preußen so sehr von selbst versteht, daß man keinen Anstand nahm, jenen Verbesserungsvorschlag zu unterstützen und am anderen Tage in das Haus einzubringen.

In der Plenarsitzung erklärte sich die Regierung gegen das Amendement. Die Verhandlungen mit Oesterreich über die Kriegsverfassung des Bundes waren seit längerer Zeit im Gange, und so eben war ein österreichischer Bevollmächtigter in Berlin anwesend, um seine Erklärung über die von Preußen gemachten Vorschläge abzugeben. Beharrte das Haus gerade in diesem Moment auf jenem Amendement, so war der Fortgang der eingeleiteten Unterhandlung schwer gefährdet und die peinliche Stellung, in welche die Regierung zu dem Wiener Cabinet gerathen mußte, durch den zweiten Zusatz, der überdies durch die Fassung der an und für sich verständlichen Vorlage nicht einmal geboten war, noch mehr erschwert. Das Scheitern jener Verhandlungen zwar, auf die man ohnehin wenig Vertrauen setzte, war nicht der Gegenstand der Besorgniß; aber man mußte bedenken, daß es sich nicht etwa um eine Resolution des Hauses, sondern um eine Adresse an den König handelte. Man durfte die Staatsregierung daher nicht in die Nothwendigkeit versetzen, ihrerseits eine Erklärung gegen den materiellen Inhalt des Amendements abzugeben, der sie vielleicht nicht ausweichen konnte. Eine solche Erklärung würde in einer Lebensfrage Deutschlands einen Dissens zwischen der Staatsregierung und der Volksvertretung zu Tage gefördert haben, der, in Wahrheit gar nicht vorhanden, nur aus der augenblicklichen Lage der Dinge erklärlich gewesen wäre, gleichwohl aber eine tiefe Mißstimmung im preußenfreundlichen, und gerechten Siegesjubel im Würzburger Lager hervorgerufen hätte. Durch die angeführte Stelle des Adreßentwurfs, der die Regierung beigestimmt hatte, war überdies bereits ein Einverständniß derselben mit der Volksvertretung erzielt, welches ungetrübt zu erhalten das Hauptaugenmerk der constitutionellen Partei sein mußte. — Um so ernste Erwägungen handelte es sich, nicht, wie man ausgesprengt hat, um den Rücktritt eines Ministers. Unter diesen Umständen zog der Antragsteller seinen Antrag zurück, und als derselbe gleichwohl wieder aufgenommen wurde, stimmte der größte Theil der liberalen Partei gegen denselben.

Es konnte nicht fehlen, daß der Vorgang in der gehässigsten Weise ausgebeutet, daß er so dargestellt wurde, als ob mit der Verwerfung jener Zusätze der Grundgedanke der Adresse, die Mahnung an die Errichtung des deutschen Bundesstaates, beseitigt worden wäre! Und doch hatte das Haus der Abgeordneten, wie die Angriffe der österreichischen und ultramontanen Presse darthun, klar und verständlich genug zu seinem Könige gesprochen. Diese Auffassung im feindlichen Lager muß aber nach allen Regeln der Politik als eine authentische Interpretation angesehen werden.

Die Worte der Thronrede, daß in Kurhessen ein Zwist fortwähre, welchen die treuen, wohlgemeinten und gemäßigten Rathschläge des Königs nicht zu beseitigen vermocht hätten, daß aber die Bemühungen der Regierung unablässig auf die Wiederherstellung des verfassungsmäßigen Zustandes gerichtet sein würden, beantwortete das Haus im Sinne seines vorjährigen Beschlusses: es sprach das Vertrauen aus, daß es der Regierung gelingen werde, durch energische Anwendung aller geeigneten Mittel den verfassungsmäßigen Zustand in Kurhessen wieder herzustellen. Ausdrücklich wurde Zweierlei constatirt. Zuerst, daß der hessische Verfassungsstreit sich nicht blos auf die Verfassung von 1831, sondern auch auf die verfassungsmäßig zu Stande gekommenen Gesetze, insbesondre das Wahlgesetz von 1849 beziehe, und sodann: daß unter „allen geeigneten Mitteln" zwar nicht zunächst die gewaltsamen verstanden, daß dieselben aber auch nicht ausgeschlossen sein sollten, wenn in dem innerhalb des preußischen Machtgebietes liegenden Lande solche Zustände einträten, die Preußen in seinem eignen Interesse nöthigten, jedes Mittel zur Herbeiführung von Recht und Ordnung anzuwenden.

Nicht minder hat das Haus in demjenigen Theil der Adresse, der die Angelegenheit Holsteins berührt, seinen vorjährigen Standpunkt gerade dadurch festgehalten, daß die entsprechende Stelle der Thronrede einen minder lebhaften Wiederhall in der Beantwortung gefunden hat. Aus den in der Commission von dem Minister der auswärtigen Angelegenheiten abgegebenen Erklärungen hatte sich ergeben, daß es sich im Augenblicke lediglich um eine Bundesexecution für Holstein handle. War dieselbe auch an sich gerechtfertigt, war auch die Möglichkeit gegeben, daß sie im Laufe der Ereignisse weitere Dimensionen annehmen könne, so befand sich das Haus doch nicht in der Lage, einen allzugroßen Nachdruck auf die Execution in Holstein zu legen, so lange Schleswig außer Frage blieb. Jedenfalls aber mußte das Recht Deutschlands in Beziehung auf das Herzogthum Schleswig gewahrt werden, wenn es nicht den Anschein gewinnen sollte, als ob das Haus über der bundesrechtlichen die nationale Seite der Sache aus dem Auge verloren habe.

In dem vorstehenden Rechenschaftsbericht sind sowohl die mit Erfolg gekrönten Ergebnisse der abgelaufenen Legislaturperiode als diejenigen Beschlüsse des Hauses der Abgeordneten verzeichnet, die noch nicht zum Austrag gekommen sind. Dieser Bericht ist zugleich die Beglaubigung der liberalen Partei für die bevorstehenden Wahlen. Sie hat zunächst das Begonnene weiter zu führen, sie hat, wenn die fortschreitende Entwicklung der Zeit neue Aufgaben an die Gesetzgebung stellt, auch diese in demselben Sinne zur Lösung zu bringen, in welchem sie seit dem ersten Beginn unsers Verfassungslebens gehandelt hat. Sie hat daher keine Veranlassung, ihre leitenden Grundsätze in einem Programm niederzulegen; die Formulirung derselben in kurzen, dem Mißverständniß preisgegebenen Sätzen ruft Spaltungen hervor, die besser vermieden werden.

Das Land steht vor freien Wahlen. In den nächsten Wochen wird es sein entscheidendes Votum darüber abzugeben haben, ob die liberale Partei des Hauses der Abgeordneten ihrer Aufgabe sich gewachsen gezeigt hat.

Kolibri 360 GmbH
Ferdinand-Jühlke-Straße 7
99095 Erfurt, Deutschland
produktsicherheit@kolibri360.de